Smaczne Hiszpańskie Przepisy
Kulinaryczna Podróż po Smakach Hiszpanii

Marta Ortega

SPIS TREŚCI

POCHAS DO NAWARRY 23
    SKŁADNIKI 23
    Opracowanie 23
    SZTUCZKA 24

SOCZEWKI 25
    SKŁADNIKI 25
    Opracowanie 25
    SZTUCZKA 26

MUSAKA FASOLI Z GRZYBAMI 27
    SKŁADNIKI 27
    Opracowanie 27
    SZTUCZKA 28

VIGIL POTAJE 29
    SKŁADNIKI 29
    Opracowanie 29
    SZTUCZKA 30

POCHAS Z SERCEM 31
    SKŁADNIKI 31
    Opracowanie 31
    SZTUCZKA 32

DORSZ AJOARRIERO 34
    SKŁADNIKI 34
    Opracowanie 34
    SZTUCZKA 34

SERCA SHERRY NA PARZE 35
   SKŁADNIKI 35
   Opracowanie 35
   SZTUCZKA 35

ALL I PEBRE RYB MORSKICH Z KREWETKAMI 36
   SKŁADNIKI 36
   Opracowanie 37
   SZTUCZKA 37

PIECZONY SZEW 38
   SKŁADNIKI 38
   Opracowanie 38
   SZTUCZKA 38

MUSZLE MARINERA 39
   SKŁADNIKI 39
   Opracowanie 39
   SZTUCZKA 40

DORSZ Z GRZYBAMI 41
   SKŁADNIKI 41
   Opracowanie 41
   SZTUCZKA 41

ANCHODIE SMAŻONE W PIWIE 43
   SKŁADNIKI 43
   Opracowanie 43
   SZTUCZKA 43

Kałamarnica W SWOIM ATRAMENTIE 44
   SKŁADNIKI 44

Opracowanie 44
SZTUCZKA 44
KLUB DORSZA RANERO 46
SKŁADNIKI 46
Opracowanie 46
SZTUCZKA 47
PODESZWA Z POMARAŃCZĄ 48
SKŁADNIKI 48
Opracowanie 48
SZTUCZKA 48
HAK RIOJANA 50
SKŁADNIKI 50
Opracowanie 50
SZTUCZKA 51
Dorsz Z SOSEM TRUSKAWKOWYM 52
SKŁADNIKI 52
Opracowanie 52
SZTUCZKA 52
PSTRĄG marynowany 53
SKŁADNIKI 53
Opracowanie 53
SZTUCZKA 54
SZWY W STYLU BILBAINE 55
SKŁADNIKI 55
Opracowanie 55
SZTUCZKA 55

KREWETKI, SCAMPI 56
    SKŁADNIKI 56
    Opracowanie 56
    SZTUCZKA 56

Placki z dorsza 57
    SKŁADNIKI 57
    Opracowanie 57
    SZTUCZKA 57

DORADZ DOURADO 59
    SKŁADNIKI 59
    Opracowanie 59
    SZTUCZKA 59

KRAB BASKIJSKI 60
    SKŁADNIKI 60
    Opracowanie 60
    SZTUCZKA 61

ANCHODIE W OCECIE 62
    SKŁADNIKI 62
    Opracowanie 62
    SZTUCZKA 62

MARKA DORSZA 63
    SKŁADNIKI 63
    Opracowanie 63
    SZTUCZKA 63

PROSZEK W ADOBO (BIENMESABE) 64
    SKŁADNIKI 64

Opracowanie 64

SZTUCZKA 65

marynowane cytrusy i tuńczyk 66

SKŁADNIKI 66

Opracowanie 66

SZTUCZKA 67

PŁASZCZ PRZECIWDESZCZOWY KREWETKI 68

SKŁADNIKI 68

Opracowanie 68

SZTUCZKA 68

PŁATKI Z TUŃCZYKA Z BAZYLIĄ 69

SKŁADNIKI 69

Opracowanie 69

SZTUCZKA 69

SOLE A LA MENIER 70

SKŁADNIKI 70

Opracowanie 70

SZTUCZKA 70

POLĘDŹ Z ŁOSOSIA Z CAVĄ 71

SKŁADNIKI 71

Opracowanie 71

SZTUCZKA 71

OKOŃ MORSKI W STYLU BILBAÍN Z PIQUILTOS 72

SKŁADNIKI 72

Opracowanie 72

SZTUCZKA 72

MAŁŻE W WINEGRETCIE 74
    SKŁADNIKI 74
    Opracowanie 74
    SZTUCZKA 74

MARMITAKO 75
    SKŁADNIKI 75
    Opracowanie 75
    SZTUCZKA 75

OKOŃ MORSKI W SOLI 77
    SKŁADNIKI 77
    Opracowanie 77
    SZTUCZKA 77

MAŁŻE NA PARZE 78
    SKŁADNIKI 78
    Opracowanie 78
    SZTUCZKA 78

HAKE GALICYJSKI 79
    SKŁADNIKI 79
    Opracowanie 79
    SZTUCZKA 80

HAK KOSKERA 81
    SKŁADNIKI 81
    Opracowanie 81
    SZTUCZKA 82

NÓŻ Z CZOSNKIEM I CYTRYNĄ 83
    SKŁADNIKI 83

Opracowanie 83
SZTUCZKA 83
PUDDING ULICZNY 84
    SKŁADNIKI 84
    Opracowanie 84
    SZTUCZKA 85
DODATEK RYBNY Z DELIKATNYM KREMEM CZOSNKOWYM 86
    SKŁADNIKI 86
    Opracowanie 86
    SZTUCZKA 87
HAK W CYDRZE Z KOMPOTEM MIĘTOWYM JABŁKOWYM 88
    SKŁADNIKI 88
    Opracowanie 88
    SZTUCZKA 89
MARYNOWANY ŁOSOŚ 90
    SKŁADNIKI 90
    Opracowanie 90
    SZTUCZKA 90
PSTRĄG Z SEREM BŁĘKITNYM 91
    SKŁADNIKI 91
    Opracowanie 91
    SZTUCZKA 91
TUŃCZYK TATAKI MARYNOWANY W SOJI 93
    SKŁADNIKI 93
    Opracowanie 93
    SZTUCZKA 94

Ciasto z morszczuka 95
    SKŁADNIKI 95
    Opracowanie 95
    SZTUCZKA 95

PAPRYKA Z DORSZEM 96
    SKŁADNIKI 96
    Opracowanie 96
    SZTUCZKA 97

BLASK 98
    SKŁADNIKI 98
    Opracowanie 98
    SZTUCZKA 98

ŻOŁNIERZE PAWII 99
    SKŁADNIKI 99
    Opracowanie 99
    SZTUCZKA 100

FRYTKI Z KREWETKAMI 101
    SKŁADNIKI 101
    Opracowanie 101
    SZTUCZKA 101

PSTRĄG DO NAWARRY 102
    SKŁADNIKI 102
    Opracowanie 102
    SZTUCZKA 102

TARTA GWIAZDA ŁOSOSIOWA Z AWOKADO 103
    SKŁADNIKI 103

Opracowanie 103
SZTUCZKA 103
Przegrzebki galicyjskie 105
    SKŁADNIKI 105
    Opracowanie 105
    SZTUCZKA 105
KURCZAK W SOSIE Z GRZYBAMI 107
    SKŁADNIKI 107
    Opracowanie 107
    SZTUCZKA 108
KURCZAK marynowany w cydrze 109
    SKŁADNIKI 109
    Opracowanie 109
    SZTUCZKA 109
GULASZ Z KURCZAKA Z NUSCALES 110
    SKŁADNIKI 110
    Opracowanie 110
    SZTUCZKA 111
FILET Z KURCZAKA MADRILÑA 112
    SKŁADNIKI 112
    Opracowanie 112
    SZTUCZKA 112
KURCZAK FRICANDÓ Z GRZYBAMI SHIITAKE 113
    SKŁADNIKI 113
    Opracowanie 113
    SZTUCZKA 114

Udka z kurczaka z whisky 115
    SKŁADNIKI 115
    Opracowanie 115
    SZTUCZKA 115

PIECZONA KACZKA 115
    SKŁADNIKI 116
    Opracowanie 116
    SZTUCZKA 116

PIERŚ Z KURCZAKA VILLAROY 118
    SKŁADNIKI 118
    Opracowanie 118
    SZTUCZKA 119

PIERŚ Z KURCZAKA W SOSIE CYTRYNOWO-MUSZTARDOWYM 120
    SKŁADNIKI 120
    Opracowanie 120
    SZTUCZKA 121

SMAŻONA PINTADA ZE ŚLIWKAMI I GRZYBAMI 122
    SKŁADNIKI 122
    Opracowanie 122
    SZTUCZKA 123

PIERŚ Z KURCZAKA VILLAROY NADZIEWANA KARMELIZOWANYMI PIQUILOS Z OCTEM Z MODENY 124
    SKŁADNIKI 124
    Opracowanie 124
    SZTUCZKA 125

PIERŚ Z KURCZAKA NADZIEWANA BOCZKIEM, GRZYBAMI I SEREM 126

    SKŁADNIKI 126

    Opracowanie 126

    SZTUCZKA 127

KURCZAK W SŁODKIM WINIE ZE ŚLIWKAMI 128

    SKŁADNIKI 128

    Opracowanie 128

    SZTUCZKA 129

POMARAŃCZOWA PIERŚ Z KURCZAKA Z ORZECHAMI nerkowca 130

    SKŁADNIKI 130

    Opracowanie 130

    SZTUCZKA 130

PIKLOWANE SPECJALNIE 131

    SKŁADNIKI 131

    Opracowanie 131

    SZTUCZKA 131

KURCZAKI CACCIATORE 132

    SKŁADNIKI 132

    Opracowanie 132

    SZTUCZKA 133

Skrzydełka z kurczaka w stylu COCA Cola 134

    SKŁADNIKI 134

    Opracowanie 134

    SZTUCZKA 134

KURCZAK Z CZOSNKIEM 135
 SKŁADNIKI 135
 Opracowanie 135
 SZTUCZKA 136
KURCZAK CHILINDRÓN 137
 SKŁADNIKI 137
 Opracowanie 137
 SZTUCZKA 138
marynowane z przepiórką i czerwonymi owocami 139
 SKŁADNIKI 139
 Opracowanie 139
 SZTUCZKA 140
KURCZAK CYTRYNOWY 141
 SKŁADNIKI 141
 Opracowanie 141
 SZTUCZKA 142
KURCZAK SAN JACOBO Z SZYNKĄ SERRANO, CIASTECZEM CASAR I ARUKOLĄ 143
 SKŁADNIKI 143
 Opracowanie 143
 SZTUCZKA 143
PIECZONY KURCZAK CURRY 144
 SKŁADNIKI 144
 Opracowanie 144
 SZTUCZKA 144
KURCZAK W CZERWONYM WINIE 145

SKŁADNIKI 145

Opracowanie 145

SZTUCZKA 146

SMAŻONY KURCZAK Z CZARNYM PIWEM 147

SKŁADNIKI 147

Opracowanie 147

SZTUCZKA 147

CZEKOLADA WYJĄTKOWA 149

SKŁADNIKI 149

Opracowanie 149

SZTUCZKA 150

SMAŻONE ĆWIARTKI Z INDYKA Z SOSEM CZERWONYCH OWOCÓW 151

SKŁADNIKI 151

Opracowanie 151

SZTUCZKA 152

SMACZONY KURCZAK Z SOSEM BRZOSKWINIOWYM 153

SKŁADNIKI 153

Opracowanie 153

SZTUCZKA 154

FILET Z KURCZAKA NADZIEWANY SZpinakiem I MOZZARELLĄ 155

SKŁADNIKI 155

Opracowanie 155

SZTUCZKA 155

SMAŻONY KURCZAK Z CAVA 156

SKŁADNIKI 156

- Opracowanie 156
- SZTUCZKA 156
- Szaszłyki z kurczaka z sosem orzechowym 157
  - SKŁADNIKI 157
  - Opracowanie 157
  - SZTUCZKA 158
- KURCZAK W PEPITORII 159
  - SKŁADNIKI 159
  - Opracowanie 159
  - SZTUCZKA 160
- POMARAŃCZOWY KURCZAK 161
  - SKŁADNIKI 161
  - Opracowanie 161
  - SZTUCZKA 162
- Gulasz z kurczaka z borowikami 163
  - SKŁADNIKI 163
  - Opracowanie 163
  - SZTUCZKA 164
- SMACZONY KURCZAK Z ORZECHAMI I SOJĄ 165
  - SKŁADNIKI 165
  - Opracowanie 165
  - SZTUCZKA 166
- CZEKOLADOWY KURCZAK Z PRAŻONYMI MIGDAŁAMI 167
  - SKŁADNIKI 167
  - Opracowanie 167
  - SZTUCZKA 168

KEBS JAGNIĘCY Z VINAIGRETEM PIEPRZOWO-MUSZTARDOWYM 169
    SKŁADNIKI 169
    Opracowanie 169
    SZTUCZKA 170
Płetwa cielęca wypełniona porto 171
    SKŁADNIKI 171
    Opracowanie 171
    SZTUCZKA 172
KLOPY MIĘSNE MADRILEÑA 173
    SKŁADNIKI 173
    Opracowanie 174
    SZTUCZKA 174
Policzki cielęce z czekoladą 175
    SKŁADNIKI 175
    Opracowanie 175
    SZTUCZKA 176
KONFITOWANY PIECZNIK WIEPRZOWY Z SOSEM SŁODKIEGO WINA 177
    SKŁADNIKI 177
    Opracowanie 177
    SZTUCZKA 178
KRÓLIK Z MARCEM 179
    SKŁADNIKI 179
    Opracowanie 179
    SZTUCZKA 180

Klopsiki w sosie orzechowym PEPITORIA 181
    SKŁADNIKI 181
    Opracowanie 182
    SZTUCZKA 182

cielęcina kalopiny z czarnym piwem 183
    SKŁADNIKI 183
    Opracowanie 183
    SZTUCZKA 184

WYCIECZKI MADRILÑA 185
    SKŁADNIKI 185
    Opracowanie 185
    SZTUCZKA 186

SMAŻONA POLĘDWICZKA Z JABŁKIEM I MIĘTĄ 187
    SKŁADNIKI 187
    Opracowanie 187
    SZTUCZKA 188

Klopsiki z kurczaka z sosem malinowym 189
    SKŁADNIKI 189
    Opracowanie 190
    SZTUCZKA 190

GULASZ JAGNIĘCY 191
    SKŁADNIKI 191
    Opracowanie 191
    SZTUCZKA 192

Króliczek cyweta 193
    SKŁADNIKI 193

Opracowanie 193

SZTUCZKA 194

KRÓLIKI Z PIPERRADĄ 195

SKŁADNIKI 195

Opracowanie 195

SZTUCZKA 195

Klopsiki z kurczaka nadziewane serem z sosem curry 196

SKŁADNIKI 196

Opracowanie 197

SZTUCZKA 197

Policzki wieprzowe w czerwonym winie 198

SKŁADNIKI 198

Opracowanie 198

SZTUCZKA 199

COCHIFRITO NAVARRA 200

SKŁADNIKI 200

Opracowanie 200

SZTUCZKA 200

DUSZONA WOŁOWINA Z SOSEM ORZECHOWYM 201

SKŁADNIKI 201

Opracowanie 201

SZTUCZKA 202

PIECZONA WIEPRZOWINA 203

SKŁADNIKI 203

Opracowanie 203

SZTUCZKA 203

GOLONKI SMAŻONE Z KAPUSTĄ 204
    SKŁADNIKI 204
    Opracowanie 204
    SZTUCZKA 204

KRÓLIK CACCIATORE 205
    SKŁADNIKI 205
    Opracowanie 205
    SZTUCZKA 206

MADRILEÑA SZNICEL cielęcy 207
    SKŁADNIKI 207
    Opracowanie 207
    SZTUCZKA 207

GULASZ Z KRÓLIKA Z GRZYBAMI 208
    SKŁADNIKI 208
    Opracowanie 208
    SZTUCZKA 209

IBERYJSKIE ŻEBERKA WIEPRZOWE Z BIAŁYM WINEM I MIODEM
.... 210
    SKŁADNIKI 210
    Opracowanie 210
    SZTUCZKA 211

MLEKO MERANE 212
    SKŁADNIKI 212
    Opracowanie 212
    SZTUCZKA 212

POCHAS DO NAWARRY

SKŁADNIKI

400 g fasoli

1 łyżka papryki

5 ząbków czosnku

1 włoska zielona papryka

1 czerwona papryka

1 czysty por

1 marchewka

1 cebula

1 duży pomidor

Oliwa z oliwek

Sól

Opracowanie

Dobrze oczyść fasolę. Zalać je papryką, cebulą, porem, pomidorem i marchewką w garnku z wodą. Gotuj około 35 minut.

Wyjmij warzywa i pokrój je na małe kawałki. Następnie dodaj go z powrotem do gulaszu.

Drobno posiekaj czosnek i podsmaż go na odrobinie oleju. Zdejmij z ognia i dodaj sproszkowaną paprykę. Rehome 5 jest dodawany do białej fasoli. Dostosuj sól.

SZTUCZKA

Ponieważ są to świeże rośliny strączkowe, czas gotowania jest znacznie krótszy.

SOCZEWKI

SKŁADNIKI

500 g soczewicy

1 łyżka papryki

1 duża marchewka

1 średnia cebula

1 duża papryka

2 ząbki czosnku

1 duży ziemniak

1 czubek szynki

1 kiełbasa

1 kaszanka

boczek

1 liść laurowy

Sól

Opracowanie

Smaż drobno posiekane warzywa, aż będą lekko miękkie. Dodać paprykę i zalać 1,5 litra wody (można zastąpić bulionem warzywnym lub nawet mięsnym). Dodać soczewicę, mięso, końcówkę szynki i liść laurowy.

Wyjmij i zachowaj chorizo i kaszankę, gdy będą miękkie, aby się nie łamały. Kontynuuj gotowanie soczewicy, aż będzie gotowa.

Dodać pokrojone w kostkę ziemniaki i gotować kolejne 5 minut. Dodaj szczyptę soli.

SZTUCZKA

Aby nadać soczewicy inny charakter, podczas gotowania dodaj do soczewicy 1 laskę cynamonu.

MUSAKA FASOLI Z GRZYBAMI

SKŁADNIKI

250 g ugotowanej czerwonej fasoli

500 g domowego sosu pomidorowego

200g grzybów

100 g startego sera

½ kieliszka czerwonego wina

2 bakłażany

2 ząbki czosnku

1 duża cebula

½ zielonej papryki

½ żółtej papryki

¼ czerwonej papryki

1 liść laurowy

mleko

Oregano

Oliwa z oliwek

sól i pieprz

Opracowanie

Bakłażany pokroić w plasterki i włożyć do mleka z dodatkiem soli, aby straciły gorycz.

Cebulę, czosnek i paprykę osobno siekamy i podsmażamy na patelni. Dodaj grzyby i kontynuuj smażenie. Dodaj wino i poczekaj, aż zredukuje się na dużym ogniu. Dodać sos pomidorowy, oregano i liść laurowy. Gotuj przez 15 minut. Zdjąć z ognia i dodać fasolę. Pora roku.

W międzyczasie dobrze odsączamy plastry bakłażana, osuszamy je i smażymy z obu stron na odrobinie oleju.

Fasolę i bakłażany układać warstwami w naczyniu do pieczenia, aż do wyczerpania składników. Zakończ warstwą bakłażana. Posypać tartym serem i zapiekać.

SZTUCZKA

Ten przepis jest wyśmienity z soczewicą lub resztkami roślin strączkowych z innych przetworów.

VIGIL POTAJE

SKŁADNIKI

1 kg ciecierzycy

1 kg dorsza

500 g szpinaku

50 g migdałów

Zapas 3 litry

2 łyżki sosu pomidorowego

1 łyżka papryki

3 kromki smażonego chleba

2 ząbki czosnku

1 zielona papryka

1 cebula

1 liść laurowy

Oliwa z oliwek

Sól

Opracowanie

Pozwól ciecierzycy namoczyć się przez 24 godziny.

W garnku na średnim ogniu podsmaż cebulę, czosnek i paprykę, pokrój w drobną kostkę. Dodać paprykę, liść laurowy, sos pomidorowy i zalać bulionem rybnym. Gdy zacznie wrzeć, dodaj ciecierzycę. Gdy będą już prawie miękkie, dodaj dorsza i szpinak.

W międzyczasie zmiksuj migdały ze smażonym chlebem. zmiksować i dodać do gulaszu. Gotuj przez kolejne 5 minut i dopraw solą.

SZTUCZKA

Ciecierzycę należy wrzucić do garnka z wrzącą wodą, w przeciwnym razie stwardnieje i bardzo łatwo straci skórkę.

POCHAS Z SERCEM

SKŁADNIKI

400 g fasoli

500 g sercówek

½ kieliszka białego wina

4 ząbki czosnku

1 mała zielona papryka

1 mały pomidor

1 cebula

1 por

1 pieprz cayenne

posiekana świeża pietruszka

Oliwa z oliwek

Opracowanie

Do garnka włóż fasolę, paprykę, ½ cebuli, oczyszczony por, 1 ząbek czosnku i pomidora. Zalać zimną wodą i gotować, aż warzywa będą miękkie, około 35 minut.

Oddzielnie podsmaż na dużym ogniu drugą połowę cebuli, pieprz cayenne i pozostałe bardzo drobno posiekane ząbki czosnku. Dodać sercówki i zalać winem.

Do białej fasoli dodać sercówki wraz z sosem, dodać natkę pietruszki i smażyć kolejne 2 minuty. Dostosuj sól.

SZTUCZKA

Zanurz małże w zimnej, słonej wodzie na 2 godziny, aby uwolniły całą ziemię, jaką tylko się da.

DORSZ AJOARRIERO

SKŁADNIKI

400 g pokruszonego, odsolonego dorsza

2 łyżki uwodnionej papryki chorizo

2 łyżki sosu pomidorowego

1 zielona papryka

1 czerwona papryka

1 ząbek czosnku

1 cebula

1 papryczka chili

Oliwa z oliwek

Sól

Opracowanie

Julienne warzywa i smaż na średnim ogniu, aż będą bardzo miękkie. Do soli.

Dodać łyżki papryczki chorizo, sos pomidorowy i chili. Dodać pokruszony dorsz i smażyć 2 minuty.

SZTUCZKA

Jest to idealne nadzienie do pysznej empanady.

SERCA SHERRY NA PARZE

SKŁADNIKI

750 g sercówek

600 ml wina sherry

1 liść laurowy

1 ząbek czosnku

1 cytryna

2 łyżki oliwy z oliwek

Sól

Opracowanie

Opłucz małże.

Na rozgrzaną patelnię wlej 2 łyżki oliwy i lekko podsmaż posiekany czosnek.

Dodaj małże, wino, liść laurowy, cytrynę i sól na raz. Przykryj i gotuj, aż się otworzą.

Podawaj małże z sosem.

SZTUCZKA

Płukanie oznacza zanurzenie małży w zimnej wodzie z dużą ilością soli, aby usunąć ewentualny piasek i zanieczyszczenia.

ALL I PEBRE RYB MORSKICH Z KREWETKAMI

SKŁADNIKI

Dla zasobów rybnych

15 głów i korpusów krewetek

1 głowa lub 2 kości ogona żabnicy lub białej ryby

Keczup

1 cebula dymka

1 por

Sól

na gulasz

1 duży ogon żabnicy (lub 2 małe)

Ciało krewetki

1 łyżka słodkiej papryki

8 ząbków czosnku

4 duże ziemniaki

3 kromki chleba

1 pieprz cayenne

nieobrane migdały

Oliwa z oliwek

sól i pieprz

Opracowanie

Dla zasobów rybnych

Przygotuj bulion rybny, podsmażając korpusy krewetek i sos pomidorowy. Dodaj kości lub głowę żabnicy i posiekane warzywa. Zalać wodą i gotować 20 minut, odcedzić i doprawić solą.

na gulasz

Na patelni podsmaż nie pokrojony czosnek. Usuń i zarezerwuj. Na tym samym oleju podsmaż migdały. Usuń i zarezerwuj.

Na tym samym oleju podsmaż chleb. Podnieść.

W moździerzu rozetrzyj czosnek, garść całych nieobranych migdałów, kromki chleba i pieprz cayenne.

Lekko podsmaż paprykę w proszku na oliwie czosnkowej, uważając, aby jej nie spalić, i dodaj do bulionu.

Dodać pieczone ziemniaki i gotować do miękkości. Dodaj przyprawioną żabnicę i gotuj przez 3 minuty. Dodaj puree i krewetki i gotuj przez kolejne 2 minuty, aż sos zgęstnieje. Dopraw solą i podawaj na gorąco.

SZTUCZKA

Używaj tylko tyle dymu, aby zakryć ziemniaki. Najczęściej używaną rybą w tym przepisie jest węgorz, ale można go przygotować z dowolną mięsną rybą, taką jak koleń lub węgorz konger.

PIECZONY SZEW

SKŁADNIKI

1 dorada oczyszczona, wypatroszona i pozbawiona kamienia

25 g bułki tartej

2 ząbki czosnku

1 papryczka chili

Ocet

Oliwa z oliwek

Sól

Opracowanie

Posolić doradę i natrzeć olejem od wewnątrz i od zewnątrz. Posypać wierzch bułką tartą i piec w temperaturze 180°C przez 25 minut.

W międzyczasie podsmaż na średnim ogniu filet z czosnku i chili. Zlej odrobinę octu z ognia i polej doradę tym sosem.

SZTUCZKA

Dłutowanie polega na wykonywaniu nacięć na całej szerokości ryby, aby przyspieszyć jej gotowanie.

MUSZLE MARINERA

SKŁADNIKI

1 kg małży

1 mały kieliszek białego wina

1 łyżka mąki

2 ząbki czosnku

1 mały pomidor

1 cebula

½ papryczki chili

Barwnik spożywczy lub szafran (opcjonalnie)

Oliwa z oliwek

Sól

Opracowanie

Zanurz małże w zimnej wodzie z dużą ilością soli na kilka godzin, aby usunąć pozostały brud.

Oczyszczone małże ugotować w winie i ¼ litra wody. Gdy tylko się otworzą, wyjmij i zachowaj płyn.

Cebulę, czosnek i pomidora pokroić w drobną kostkę i podsmażyć na odrobinie oleju. Dodaj chili i gotuj, aż będzie dobrze ugotowane.

Dodajemy łyżkę mąki i smażymy kolejne 2 minuty. Kąpać się w wodzie z gotowania małży. Gotuj przez 10 minut i dopraw solą. Dodaj małże i gotuj kolejną minutę. Teraz dodaj kolor lub szafran.

SZTUCZKA

Słodsze można zastąpić białym winem. Sos jest bardzo dobry.

DORSZ Z GRZYBAMI

SKŁADNIKI

4 lub 5 solonych filetów z dorsza

4 ząbki czosnku

1 papryczka chili

½ litra oliwy z oliwek

Opracowanie

Na oliwie z oliwek podsmaż czosnek i chilli na małym ogniu. Wyjmij je i poczekaj, aż olej nieco ostygnie.

Dodaj filety z dorsza skórą do góry i smaż na małym ogniu przez 1 minutę. Odwróć się i odstaw na kolejne 3 minuty. Ważne, żeby było smażone na oleju, a nie smażone.

Wyjmij dorsza, stopniowo zlewaj olej, aż pozostanie tylko biała substancja (żelatyna) uwolniona z dorsza.

Zdejmij z ognia i ubijaj na sicie kilkoma pałeczkami lub okrężnymi ruchami, stopniowo dodając zdekantowany olej. Złóż pilpil przez 10 minut, nie przerywając mieszania.

Gdy będzie już gotowy, włóż z powrotem dorsza i mieszaj przez kolejną minutę.

SZTUCZKA

Aby nadać mu inny charakter, do oleju, w którym będzie smażony dorsz, dodajemy kość szynkową lub aromatyczne zioła.

ANCHODIE SMAŻONE W PIWIE

SKŁADNIKI

Oczyść sardele bez kolców

1 puszka bardzo zimnego piwa

Mąka

Oliwa z oliwek

Sól

Opracowanie

Do miski wlewamy piwo i dodajemy mąkę, cały czas ubijając trzepaczką, aż uzyskamy gęstą konsystencję, z której ledwo kapie podczas namaczania anchois.

Na koniec podsmażamy na dużej ilości oleju i doprawiamy solą.

SZTUCZKA

Można użyć dowolnego rodzaju piwa. W połączeniu z czernią wygląda zjawiskowo.

Kałamarnica W SWOIM ATRAMENTIE

SKŁADNIKI

1 ½ kg małych kalmarów

1 kieliszek białego wina

3 łyżki sosu pomidorowego

4 worki atramentu z kałamarnicy

2 cebule

1 czerwona papryka

1 zielona papryka

1 liść laurowy

Oliwa z oliwek

sól i pieprz

Opracowanie

Na małym ogniu podsmaż drobno posiekaną cebulę i paprykę. Gdy się usmażą, dodaj czyste i posiekane młode kalmary. Zwiększ ogień i dopraw.

Skropić białym winem i pozostawić do zredukowania. Dodaj sos pomidorowy, saszetki z atramentem z kałamarnicy i liść laurowy. Przykryj i gotuj na małym ogniu, aż kalmary będą miękkie.

SZTUCZKA

Można je podawać z dobrym makaronem, a nawet z frytkami.

KLUB DORSZA RANERO

SKŁADNIKI

Dorsz z pil-pilem

10 dojrzałych pomidorów winogronowych

4 papryczki chorizo

2 zielone papryki

2 czerwone papryki

2 cebule

Cukier

Sól

Opracowanie

Piec pomidory i paprykę w temperaturze 180°C, aż będą miękkie.

Po upieczeniu paprykę przykryć na 30 minut, zdjąć skórkę i pokroić w paski.

Obierz pomidory i pokrój je w cienkie plasterki. Ugotuj je razem z drobno pokrojoną cebulą i miąższem papryczek chorizo (wcześniej namoczonych w gorącej wodzie przez 30 minut).

Dodajemy pokrojoną w paski pieczoną paprykę i smażymy 5 minut. Dostosuj sól i cukier.

Podgrzej pilpil razem z dorszem i papryką.

SZTUCZKA

Pilpil można podawać z papryką lub ułożyć jako spód, na wierzch dorsza i sos z pilpilem. Można go również przygotować z dobrym ratatouille.

PODESZWA Z POMARAŃCZĄ

SKŁADNIKI

4 podeszwy

110 g masła

110 ml bulionu

1 łyżka posiekanej świeżej natki pietruszki

1 łyżeczka papryki

2 duże pomarańcze

1 mała cytryna

Mąka

sól i pieprz

Opracowanie

Rozpuść masło na patelni. Oprószyć mąką i doprawić podeszwy. Smażymy na maśle z obu stron. Dodać paprykę w proszku, sok z pomarańczy i cytryny oraz fumet.

Gotuj na średnim ogniu przez 2 minuty, aż sos lekko zgęstnieje. Udekoruj natką pietruszki i natychmiast podawaj.

SZTUCZKA

Aby uzyskać więcej soku z owoców cytrusowych, podgrzej je w kuchence mikrofalowej przez 10 s przy maksymalnej mocy.

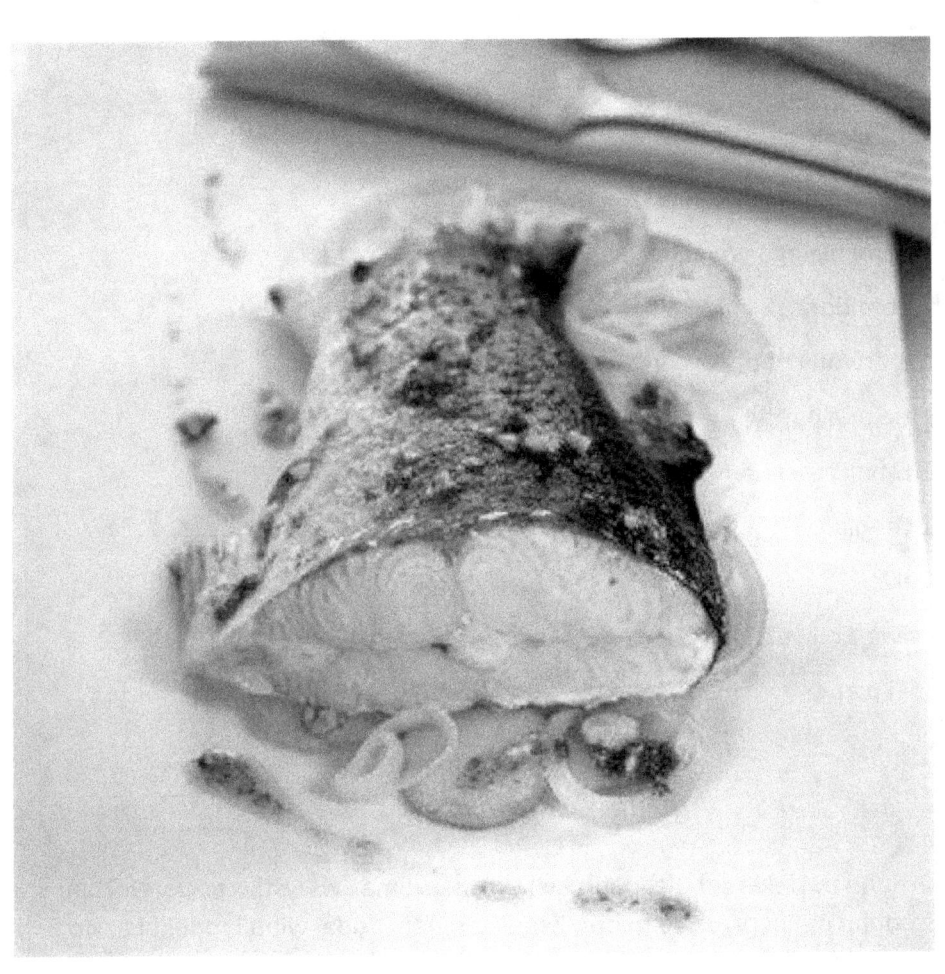

HAK RIOJANA

SKŁADNIKI

4 siodła na morszczuka

100 ml białego wina

2 pomidory

1 czerwona papryka

1 zielona papryka

1 ząbek czosnku

1 cebula

Cukier

Oliwa z oliwek

sól i pieprz

Opracowanie

Drobno posiekaj cebulę, paprykę i czosnek. Smaż wszystko na patelni na średnim ogniu przez 20 minut. Zwiększ ogień, dodaj wino i redukuj aż do wytrawności.

Dodaj starte pomidory i gotuj, aż stracą całą wodę. Dostosuj sól, pieprz i cukier, jeśli są kwaśne.

Smażyć filety na patelni, aż będą złocistobrązowe na zewnątrz i soczyste w środku. Podawać z warzywami.

SZTUCZKA

Posolić morszczuka 15 minut przed gotowaniem, aby sól była równomiernie rozłożona.

Dorsz Z SOSEM TRUSKAWKOWYM

SKŁADNIKI

4 solone filety z dorsza

400 g brązowego cukru

200 g truskawek

2 ząbki czosnku

1 pomarańcza

Mąka

Oliwa z oliwek

Opracowanie

Zmiksuj truskawki z sokiem pomarańczowym i cukrem. Gotuj i mieszaj przez 10 minut.

Czosnek siekamy i podsmażamy na patelni z odrobiną oleju. Usuń i zarezerwuj. Na tym samym oleju podsmaż oprószonego mąką dorsza.

Dorsza z sosem podajemy w osobnej misce, na wierzchu układamy czosnek.

SZTUCZKA

Dżem z gorzkiej pomarańczy można zastąpić truskawkami. Następnie wystarczy użyć tylko 100 g brązowego cukru.

PSTRĄG marynowany

SKŁADNIKI

4 pstrągi

½ litra białego wina

¼ litra octu

1 mała cebula

1 duża marchewka

2 ząbki czosnku

4 goździki

2 liście laurowe

1 gałązka tymianku

Mąka

¼ litra oliwy z oliwek

Sól

Opracowanie

Posolić i mąką pstrąga. Smażyć na oleju po 2 minuty z każdej strony (powinny być surowe w środku). Usuń i zarezerwuj.

Pokrojone w paski warzywa gotuj w tym samym tłuszczu przez 10 minut.

Kąpać się octem i winem. Dopraw szczyptą soli, ziołami i przyprawami. Gotuj na małym ogniu przez kolejne 10 minut.

Dodaj pstrąga, przykryj i gotuj przez kolejne 5 minut. Zdjąć z ognia i podawać na zimno.

SZTUCZKA

Ten przepis najlepiej zjeść na noc. Reszta dodaje mu smaku. Z resztek przygotuj pyszną sałatkę z marynowanego pstrąga.

SZWY W STYLU BILBAINE

SKŁADNIKI

1 dorada o wadze 2 kg

½ litra białego wina

2 łyżki octu

6 ząbków czosnku

1 papryczka chili

2 dl oliwy z oliwek

Sól

Opracowanie

Doradę dłutujemy, solimy, dodajemy odrobinę oleju i pieczemy w temperaturze 200°C przez 20 lub 25 minut. Kąp się stopniowo z winem.

W międzyczasie na 2 dl oleju podsmażamy pokrojony w plasterki czosnek wraz z papryczką chili. Zwilżyć octem i polać doradę.

SZTUCZKA

Dłutowanie oznacza wykonywanie nacięć w rybie, aby ułatwić gotowanie.

KREWETKI, SCAMPI

SKŁADNIKI

250 g krewetek

3 ząbki czosnku filetowane

1 cytryna

1 papryczka chili

10 łyżek oliwy z oliwek

Sól

Opracowanie

Obrane krewetki włóż do miski, obficie dopraw solą i dodaj sok z cytryny. Usunąć.

Na patelni podsmaż filet z czosnku i chili. Zanim nabiorą koloru, dodaj krewetki i smaż przez 1 minutę.

SZTUCZKA

Aby uzyskać więcej smaku, przed smażeniem maceruj krewetki solą i cytryną przez 15 minut.

Placki z dorsza

SKŁADNIKI

100 g solonego dorsza w panierce

100 g szczypiorku

1 łyżka świeżej pietruszki

1 butelka zimnego piwa

barwnik

Mąka

Oliwa z oliwek

sól i pieprz

Opracowanie

Do miski włóż dorsza, drobno posiekaną dymkę i natkę pietruszki, piwo, odrobinę koloru, sól i pieprz.

Mieszaj i dodawaj po łyżce mąki, cały czas mieszając, aż uzyskasz ciasto o konsystencji podobnej do lekko gęstej owsianki (nie ociekającej). Odstaw na 20 minut na zimno.

Smażyć na dużej ilości oleju i nakładać łyżkami ciasto. Gdy będą złociste, wyjmij je i połóż na chłonnym papierze.

SZTUCZKA

Jeśli piwo nie jest dostępne, można je przygotować na bazie sody.

DORADZ DOURADO

SKŁADNIKI

400 g odsolonego i mielonego dorsza

6 jaj

4 średnie ziemniaki

1 cebula

Świeża pietruszka

Oliwa z oliwek

Sól

Opracowanie

Ziemniaki obierz i pokrój w słomki. Dokładnie umyj, aż woda będzie czysta, a następnie smaż na dużej ilości gorącego oleju. Z solą.

Cebulę ugotuj pokrojoną w paski julienne. Zwiększ ogień, dodaj pokruszonego dorsza i gotuj, aż przestanie być płyn.

W osobnej misce ubij jajka, dodaj dorsza, ziemniaki i cebulę. Lekko podsmaż na patelni. Dopraw solą i na koniec posiekaną świeżą pietruszką.

SZTUCZKA

Musi się lekko zgęstnieć, żeby było soczyste. Ziemniaków nie solimy do końca, żeby nie straciły chrupkości.

KRAB BASKIJSKI

SKŁADNIKI

1 krab pająk

500 g pomidorów

75 g szynki serrano

50 g świeżej bułki tartej (lub bułki tartej)

25 g masła

1 ½ szklanki brandy

1 łyżka natki pietruszki

1/8 cebuli

½ ząbka czosnku

sól i pieprz

Opracowanie

Kraba pająka ugotować (1 minuta na 100 g) w 2 litrach wody ze 140 g soli. Ochłodź mięso i wyjmij je.

Cebulę i czosnek pokrojone w drobną kostkę podsmaż razem z szynką pokrojoną w cienkie paseczki julienne. Dodaj starte pomidory i posiekaną natkę pietruszki i gotuj, aż powstanie sucha pasta.

Dodaj mięso kraba pająka, zalej brandy i flambiruj. Dodaj połowę okruchów z ognia i wypełnij kraba pająka.

Na wierzch posyp pozostałą bułką tartą i rozsmaruj pokrojone na kawałki masło. Piec w piekarniku, aż wierzch będzie złocistobrązowy.

SZTUCZKA

Można go także przygotować z dobrym chorizo iberyjskim, a nawet nadziewać wędzonym serem.

ANCHODIE W OCECIE

SKŁADNIKI

12 anchois

300 cl octu winnego

1 ząbek czosnku

Posiekana pietruszka

Oliwa z oliwek z pierwszego tłoczenia

1 łyżeczka soli

Opracowanie

Oczyszczone anchois połóż na płaskim talerzu wraz z octem i solą rozcieńczonymi w wodzie. Przechowywać w lodówce przez 5 godzin.

W międzyczasie macerujemy na oleju drobno posiekany czosnek i pietruszkę.

Wyjmij anchois z octu, zalej oliwą i czosnkiem. Wstawić ponownie do lodówki na kolejne 2 godziny.

SZTUCZKA

Umyj anchois kilka razy, aż woda będzie czysta.

MARKA DORSZA

SKŁADNIKI

¾ kg odsolonego dorsza

1 dl mleka

2 ząbki czosnku

3dl oliwy z oliwek

Sól

Opracowanie

W małym rondlu na średnim ogniu rozgrzej oliwę z czosnkiem przez 5 minut. Dodaj dorsza i gotuj na bardzo małym ogniu przez kolejne 5 minut.

Podgrzej mleko i wlej je do szklanki miksującej. Dodać dorsza bez skóry i czosnek. Ubijaj, aż powstanie delikatne ciasto.

Nie przerywając ubijania, dodawaj olej, aż uzyskasz jednolite ciasto. Doprawić solą i zapiekać w piekarniku na maksymalnej mocy.

SZTUCZKA

Można go jeść na tostowym pieczywie i podawać z odrobiną aioli.

PROSZEK W ADOBO (BIENMESABE)

SKŁADNIKI

Koleń 500 g

1 szklanka octu

1 płaska łyżka mielonego kminku

1 płaska łyżka słodkiej papryki

1 płaska łyżka oregano

4 liście laurowe

5 ząbków czosnku

Mąka

Oliwa z oliwek

Sól

Opracowanie

Koleń, wcześniej pokrojony w kostkę i oczyszczony, włóż do głębokiego pojemnika.

Dodaj solidną garść soli oraz łyżeczki papryki, kminku i oregano.

Czosnek rozgnieć ze skórką i dodaj do pojemnika. Połam liście laurowe i również je dodaj. Na koniec dodajemy szklankę octu i kolejną szklankę wody. Pozwól odpocząć przez noc.

Osusz, oprósz mąką i usmaż kawałki kolenia.

SZTUCZKA

Jeśli kminek jest świeżo zmielony, dodaj tylko ¼ płaskiej łyżki. Można go przygotować z innymi rybami, takimi jak pomfret lub żabnica.

marynowane cytrusy i tuńczyk

SKŁADNIKI

800 g tuńczyka (lub świeżego bonito)

70 ml octu

140 ml wina

1 marchewka

1 por

1 ząbek czosnku

1 pomarańcza

½ cytryny

1 liść laurowy

70 ml oleju

Sól i ziarna pieprzu

Opracowanie

Marchewkę, por i czosnek pokroić w słupki i podsmażyć na odrobinie oleju. Gdy warzywa będą miękkie, zwilż je octem i winem.

Dodać liść laurowy i pieprz. Doprawiamy solą i gotujemy kolejne 10 minut. Dodać skórkę i sok z owoców cytrusowych oraz tuńczyka pokrojonego na 4 kawałki. Gotuj jeszcze 2 minuty i odstaw do wyrośnięcia, pod przykryciem, z dala od ognia.

SZTUCZKA

Wykonaj te same kroki, aby przygotować pyszną marynatę do kurczaka. Wystarczy przyrumienić kurczaka przed dodaniem go do garnka z marynatą i gotować przez kolejne 15 minut.

PŁASZCZ PRZECIWDESZCZOWY KREWETKI

SKŁADNIKI

500 g krewetek

100g mąki

½ dl zimnego piwa

barwnik

Oliwa z oliwek

Sól

Opracowanie

Obierz krewetki, nie usuwając końca ogona.

W misce wymieszaj mąkę, trochę barwnika spożywczego i sól. Stopniowo dodawać piwo, nie przerywając ubijania.

Chwyć krewetkę za ogon, przeciągnij przez poprzednie ciasto i usmaż na dużej ilości oleju. Gdy uzyskają złoty kolor, wyjmij i przechowuj na chłonnym papierze.

SZTUCZKA

Do mąki można dodać 1 łyżeczkę curry lub papryki.

PŁATKI Z TUŃCZYKA Z BAZYLIĄ

SKŁADNIKI

125 g Tuńczyka z puszki w oleju

½ litra mleka

4 jajka

1 kromka pokrojonego chleba

1 łyżka startego parmezanu

4 świeże liście bazylii

Mąka

Oliwa z oliwek

sól i pieprz

Opracowanie

Zmiksuj tuńczyka na puree z mlekiem, jajkami, krojonym chlebem, parmezanem i bazylią. Dodaj sól i pieprz.

Ciasto wlać do pojedynczych, natłuszczonych i posypanych mąką foremek i piec w łaźni wodnej w temperaturze 170°C przez 30 minut.

SZTUCZKA

Ten przepis można również przygotować z małżami w puszkach lub sardynkami.

SOLE A LA MENIER

SKŁADNIKI

6 podeszew

250 g masła

50 g soku z cytryny

2 łyżki drobno posiekanej natki pietruszki

Mąka

sól i pieprz

Opracowanie

Przyprawić i oprószyć mąką podeszwy oczyszczone z głów i skórek. Smażyć je na roztopionym maśle z obu stron na średnim ogniu, uważając, aby nie przypalić mąki.

Wyjmij rybę, dodaj sok z cytryny i pietruszkę na patelnię. Gotuj przez 3 minuty, nie przerywając mieszania. Podawaj rybę z sosem.

SZTUCZKA

Dodaj kilka kaparów, aby nadać przepisowi pyszny akcent.

POLĘDŹ Z ŁOSOSIA Z CAVĄ

SKŁADNIKI

2 filety z łososia

½ litra wina musującego

100 ml kremu

1 marchewka

1 por

Oliwa z oliwek

sól i pieprz

Opracowanie

Doprawiamy i smażymy łososia z obu stron. Rezerwacje.

Marchewkę i por pokroić w cienkie, podłużne słupki. Smaż warzywa przez 2 minuty na tym samym oleju, na którym smażono łososia. Skropić musem cava i odstawić do zredukowania o połowę.

Dodać śmietanę, smażyć 5 minut i dodać łososia. Gotuj kolejne 3 minuty, dostosowując sól i pieprz.

SZTUCZKA

Łososia można gotować na parze przez 12 minut i podawać z tym sosem.

OKOŃ MORSKI W STYLU BILBAÍN Z PIQUILTOS

SKŁADNIKI

4 okonie morskie

1 łyżka octu

4 ząbki czosnku

Papryczki Piquillo

125 ml oliwy z oliwek

sól i pieprz

Opracowanie

Wyjmij polędwiczki z okonia morskiego. Dopraw solą i pieprzem i smaż na patelni na dużym ogniu, aż uzyskasz złoty kolor z zewnątrz i soczystość w środku. Usuń i zarezerwuj.

Czosnek siekamy i lekko podsmażamy na tym samym oleju co rybę. Zwilżyć octem.

Na tej samej patelni podsmaż paprykę.

Podawaj filety z okonia morskiego z sosem na wierzchu i podawaj z papryką.

SZTUCZKA

Sos Bilbao można przygotować wcześniej; następnie wszystko, co musisz zrobić, to podgrzać i podać.

MAŁŻE W WINEGRETCIE

SKŁADNIKI

1 kg małży

1 mały kieliszek białego wina

2 łyżki octu

1 mała zielona papryka

1 duży pomidor

1 mała cebula dymka

1 liść laurowy

6 łyżek oliwy z oliwek

Sól

Opracowanie

Muszle dokładnie oczyść nową czyścikiem.

Małże włożyć do garnka z winem i liściem laurowym. Przykryj i gotuj na dużym ogniu, aż się otworzą. Zarezerwuj i odrzuć jedną z muszli.

Zrób winegret z pomidorów, szczypiorku i papryki. Dopraw octem, olejem i solą. Wymieszaj i polej małże.

SZTUCZKA

Odstaw na noc, aby zintensyfikować smaki.

MARMITAKO

SKŁADNIKI

300 g tuńczyka (lub bonito)

1 litr bulionu rybnego

1 łyżka pieprzu chorizo

3 duże ziemniaki

1 duża czerwona papryka

1 duża zielona papryka

1 cebula

Oliwa z oliwek

sól i pieprz

Opracowanie

Podsmaż cebulę i paprykę pokrojoną w kwadraty. Dodać łyżkę papryki chorizo oraz obrane i pokrojone w plasterki ziemniaki. Mieszaj przez 5 minut.

Wlać bulion rybny, a gdy zacznie wrzeć, dodać sól i pieprz. Gotuj na małym ogniu, aż ziemniaki osiągną szczyt.

Wyłącz ogień i dodaj pokrojonego w kostkę i przyprawionego tuńczyka. Przed podaniem odstaw na 10 minut.

SZTUCZKA

Łososia można zastąpić tuńczykiem. Wynik jest zaskakujący.

OKOŃ MORSKI W SOLI

SKŁADNIKI

1 okoń morski

600 g grubej soli

Opracowanie

Wypatrosz i oczyść rybę. Na talerzu połóż warstwę soli, na wierzch połóż okonia morskiego i przykryj pozostałą solą.

Piec w temperaturze 220°C, aż sól stwardnieje i pęknie. Na każde 100 g ryby przypada ok. 7 minut.

SZTUCZKA

Ryb gotowanych w soli nie należy obierać, gdyż łuski chronią mięso przed działaniem wysokich temperatur. Możesz doprawić sól ziołami lub dodać białko jaja.

MAŁŻE NA PARZE

SKŁADNIKI

1 kg małży

1 dl białego wina

1 liść laurowy

Opracowanie

Muszle dokładnie oczyść nową czyścikiem.

W gorącym garnku umieść małże, wino i liść laurowy. Przykryj i gotuj na dużym ogniu, aż się otworzą. Wyrzuć te, które nie zostały otwarte.

SZTUCZKA

W Belgii jest to bardzo popularne danie, któremu towarzyszą dobre frytki.

HAKE GALICYJSKI

SKŁADNIKI

4 plasterki morszczuka

600 g ziemniaków

1 łyżeczka papryki

3 ząbki czosnku

1 średnia cebula

1 liść laurowy

6 łyżek oliwy z pierwszego tłoczenia

sól i pieprz

Opracowanie

Podgrzej wodę w garnku; Dodać pokrojone w plasterki ziemniaki, pokrojoną cebulę, sól i liść laurowy. Gotuj na małym ogniu przez 15 minut, aż wszystko będzie miękkie.

Dodaj przyprawione plastry morszczuka i smaż przez kolejne 3 minuty. Odcedź ziemniaki i morszczuka i włóż wszystko do glinianego garnka.

Na patelni podsmaż pokrojony lub posiekany czosnek; Gdy będą złociste, zdejmij z ognia. Dodaj paprykę, wymieszaj i polej rybę tym sosem. Podawać szybko z niewielką ilością wody z gotowania.

SZTUCZKA

Ważne jest, aby ilość wody wystarczyła tylko do zakrycia plasterków ryby i ziemniaków.

HAK KOSKERA

SKŁADNIKI

1 kg morszczuka

100 g ugotowanego groszku

100g cebuli

100 g małży

100 g krewetek

1 dl bulionu rybnego

2 łyżki natki pietruszki

2 ząbki czosnku

8 włóczni szparagów

2 jajka na twardo

Mąka

sól i pieprz

Opracowanie

Morszczuka pokroić w plasterki lub polędwiczki. Doprawić i mąką.

W garnku podsmaż drobno posiekaną cebulę i czosnek, aż będą miękkie. Zwiększ ogień, dodaj rybę i lekko obsmaż z obu stron.

Zwilżyć oparami i gotować przez 4 minuty, ciągle poruszając garnkiem, aby sos zagęścił się. Dodajemy obrane krewetki, szparagi, oczyszczone małże, groszek i pokrojone w ćwiartki jajka. Gotuj jeszcze przez minutę i posyp posiekaną natką pietruszki.

SZTUCZKA

Posolić morszczuka 20 minut przed gotowaniem, aby sól była równomiernie rozłożona.

NÓŻ Z CZOSNKIEM I CYTRYNĄ

SKŁADNIKI

2 tuziny noży

2 ząbki czosnku

2 gałązki pietruszki

1 cytryna

Oliwa z oliwek z pierwszego tłoczenia

Sól

Opracowanie

Poprzedniego wieczoru włóż małże brzytwy do miski z zimną wodą i solą, aby oczyścić je z resztek piasku.

Odcedź, przełóż na patelnię, przykryj i podgrzewaj na średnim ogniu, aż się otworzą.

W międzyczasie posiekaj gałązki czosnku i pietruszki, wymieszaj z sokiem z cytryny i oliwą z oliwek. Podawaj małże brzytwy z tym sosem.

SZTUCZKA

Wyśmienicie smakują z sosem holenderskim lub sosem Béarnaise (s. 532–517).

PUDDING ULICZNY

SKŁADNIKI

500g bezgłowej głowy smoka

125 ml sosu pomidorowego

¼ l śmietanki

6 jaj

1 marchewka

1 por

1 cebula

Bułka tarta

Oliwa z oliwek

sól i pieprz

Opracowanie

Gotuj skorpiona razem z czystymi i pokrojonymi warzywami przez 8 minut. Do soli.

Rozdrobnij mięso ryby skorpiona (bez skóry i kości). Włóż do miski razem z jajkami, śmietaną i sosem pomidorowym. Mieszamy i doprawiamy solą i pieprzem.

Formę natłuszczamy i posypujemy bułką tartą. Wypełnij wcześniejszym ciastem i piecz w łaźni wodnej w piekarniku nagrzanym do 175°C przez 50 minut lub do momentu, aż ukłucie będzie czyste. Podawać na zimno lub na ciepło.

SZTUCZKA

Skorpiona możesz zastąpić dowolną inną rybą

DODATEK RYBNY Z DELIKATNYM KREMEM CZOSNKOWYM

SKŁADNIKI

4 małe ogony żabnicy

50 g czarnych oliwek

400 ml kremu

12 ząbków czosnku

sól i pieprz

Opracowanie

Ugotuj czosnek w zimnej wodzie. Gdy zaczną się gotować, usuń i wylej wodę. Powtórz ten sam proces trzy razy.

Następnie smaż czosnek w śmietanie na małym ogniu przez 30 minut.

Susz pestki oliwek w kuchence mikrofalowej, aż wyschną. Rozcieraj je w moździerzu, aż uzyskasz proszek z oliwek.

Dopraw żabnicę i smaż na dużym ogniu, aż będzie soczysta na zewnątrz i złocistobrązowa w środku.

Doprawić sos. Podawaj żabnicę z sosem z jednej strony i oliwą w proszku na wierzchu.

SZTUCZKA

Smak tego sosu jest gładki i pyszny. Jeśli jest bardzo rzadkie, gotuj jeszcze kilka minut. Jeśli wręcz przeciwnie, jest bardzo gęste, dodać odrobinę gorącej płynnej śmietany i wymieszać.

HAK W CYDRZE Z KOMPOTEM MIĘTOWYM JABŁKOWYM

SKŁADNIKI

4 Hake Supremes

1 butelka cydru jabłkowego

4 łyżki cukru

8 liści mięty

4 jabłka

1 cytryna

Mąka

Oliwa z oliwek

sól i pieprz

Opracowanie

Morszczuka przyprawiamy, oprószamy mąką i smażymy na odrobinie gorącego oleju. Wyjmij i połóż na blasze do pieczenia.

Jabłka obierz, pokrój w cienkie plasterki i dodaj na patelnię. Zalać cydrem i piec w temperaturze 165°C przez 15 minut.

Wyłóż jabłka i sos. Wymieszać z cukrem i listkami mięty.

Podawaj rybę z kompotem.

SZTUCZKA

Inna wersja tego samego przepisu. Morszczuka oprószamy mąką, podsmażamy i wrzucamy do garnka z jabłkami i cydrem. Gotuj na małym ogniu przez 6 minut. Wyjmij morszczuka i poczekaj, aż sos się zredukuje. Następnie wymieszaj z miętą i cukrem.

MARYNOWANY ŁOSOŚ

SKŁADNIKI

1kg filetu z łososia

500 g cukru

4 łyżki posiekanego koperku

500 g grubej soli

Oliwa z oliwek

Opracowanie

W misce wymieszaj sól z cukrem i koperkiem. Połowę ułożyć na dnie blachy. Dodać łososia i przykryć drugą połową mieszanki.

Przechowywać w lodówce przez 12 godzin. Wyjmij i wyczyść zimną wodą. Filetujemy i zalewamy olejem.

SZTUCZKA

Sól można doprawić dowolnymi ziołami lub przyprawami (imbir, goździki, curry itp.)

PSTRĄG Z SEREM BŁĘKITNYM

SKŁADNIKI

4 pstrągi

75 g sera pleśniowego

75 g masła

40 cl płynnej śmietanki

1 mały kieliszek białego wina

Mąka

Oliwa z oliwek

sól i pieprz

Opracowanie

W garnku rozgrzać masło z odrobiną oleju. Smaż oprószonego mąką i solonego pstrąga przez 5 minut z każdej strony. Rezerwacje.

Na tłuszcz pozostały po smażeniu wlewamy wino i ser. Gotuj, ciągle mieszając, aż wino prawie się wyczerpie, a ser całkowicie rozpuści.

Dodaj śmietanę i gotuj, aż uzyskasz pożądaną konsystencję. Doprawić solą i pieprzem. Sos na pstrąga.

SZTUCZKA

Przygotuj słodko-kwaśny sos z sera pleśniowego i zastąp śmietanę świeżym sokiem pomarańczowym.

TUŃCZYK TATAKI MARYNOWANY W SOJI

SKŁADNIKI

1 polędwiczka z tuńczyka (lub łososia)

1 szklanka soi

1 szklanka octu

2 czubate łyżki cukru

Skórka otarta z 1 małej pomarańczy

Czosnek

prażony sezam

Ożywić

Opracowanie

Tuńczyka dokładnie oczyść i pokrój w słupki. Lekko zrumienić ze wszystkich stron na bardzo gorącej patelni i natychmiast ostudzić w lodowatej wodzie, aby zakończyć gotowanie.

W misce wymieszaj soję, ocet, cukier, skórkę pomarańczową, imbir i czosnek. Dodaj rybę i marynuj przez co najmniej 3 godziny.

Posypujemy sezamem, kroimy w małe plasterki i podajemy.

SZTUCZKA

Ten przepis należy przygotować z wcześniej zamrożonych ryb, aby uniknąć anisaki.

Ciasto z morszczuka

SKŁADNIKI

1 kg morszczuka

1 litr śmietanki

1 duża cebula

1 szklanka alkoholu

8 jaj

Smażony pomidor

Oliwa z oliwek

sól i pieprz

Opracowanie

Cebulę pokroić w paski julienne i podsmażyć na patelni. Gdy będzie już miękki, dodać morszczuka. Gotuj, aż się skończy i rozpadnie.

Następnie zwiększ ogień i zalej brandy. Zredukuj i dodaj trochę pomidora.

Zdjąć z ognia i dodać jajka i śmietanę. Posiekaj wszystko. Doprawić do smaku i przelać do formy. Piec w łaźni wodnej w piekarniku nagrzanym na 165°C przez co najmniej 1 godzinę lub do momentu, aż ukłucie będzie czyste.

SZTUCZKA

Podawać z sosem różowym lub sosem tatarskim. Można go przygotować z dowolną białą rybą bez kości.

PAPRYKA Z DORSZEM

SKŁADNIKI

250 g odsolonego dorsza

100 g krewetek

2 łyżki smażonych pomidorów

2 łyżki masła

2 łyżki mąki

1 puszka papryczek piquillo

2 ząbki czosnku

1 cebula

Brandy

Oliwa z oliwek

sól i pieprz

Opracowanie

Dorsza zalać wodą i gotować 5 minut. Usuń i zachowaj wodę z gotowania.

Cebulę podsmażamy, a ząbki czosnku kroimy na małe kawałki. Obierz krewetki i dodaj skorupki do cebuli. Dobrze smaż. Zwiększ ogień, dodaj odrobinę brandy i smażonego pomidora. Zalać wodą z gotowania dorsza i gotować 25 minut. Wymieszaj i odcedź.

Podsmaż posiekane krewetki i zachowaj.

Mąkę ucieramy na maśle przez około 5 minut, dodajemy przecedzony bulion i gotujemy kolejne 10 minut, mieszając trzepaczką.

Dodać pokruszony dorsz i podsmażone krewetki. Doprawić solą i pieprzem i ostudzić.

Napełnij paprykę wcześniejszym ciastem i podawaj.

SZTUCZKA

Idealnym sosem do tej papryki jest Biskajski (patrz rozdział Rosoły i Sosy).

BLASK

SKŁADNIKI

1kg całych kalmarów

150 g mąki pszennej

50 g mąki z ciecierzycy

Oliwa z oliwek

Sól

Opracowanie

Dokładnie oczyść kalmary, usuń zewnętrzną skórę i dokładnie wyczyść wnętrze. Kroimy je w cienkie paski wzdłuż, a nie w poprzek. Do soli.

Wymieszaj mąkę pszenną i mąkę z ciecierzycy i użyj jej do posypania mąką kalmarów.

Rozgrzej dobrze olej i stopniowo smaż krążki kalmarów na złoty kolor. Natychmiast podawaj.

SZTUCZKA

Posolić kalmary 15 minut wcześniej i usmażyć na bardzo gorącym oleju.

ŻOŁNIERZE PAWII

SKŁADNIKI

500 g odsolonego dorsza

1 łyżka oregano

1 łyżka mielonego kminku

1 łyżka barwnika spożywczego

1 łyżka papryki

1 szklanka octu

2 ząbki czosnku

1 liść laurowy

Mąka

gorący olej

Sól

Opracowanie

W misce wymieszaj oregano, kminek, paprykę w proszku, rozgnieciony czosnek, szklankę octu i kolejną szklankę wody, dopraw szczyptą soli. W marynacie umieścić odsolonego dorsza pokrojonego w paski na 24 godziny.

Wymieszaj barwnik spożywczy i mąkę. Paski dorsza oprószamy mąką, odsączamy i smażymy na dużej ilości gorącego oleju.

SZTUCZKA

Podawać od razu, aby w środku było soczyste, a na zewnątrz chrupiące.

FRYTKI Z KREWETKAMI

SKŁADNIKI

125 g surowych krewetek

75 g mąki pszennej

50 g mąki z ciecierzycy

5 nitek szafranu (lub barwnika)

¼ dymki

Świeża pietruszka

Oliwa z oliwek z pierwszego tłoczenia

Sól

Opracowanie

Szafran zawinięty w folię aluminiową podpiekamy w piekarniku przez kilka sekund.

W misce wymieszaj mąkę, sól, proszek szafranowy, drobno posiekaną dymkę, posiekaną natkę pietruszki, 125 ml bardzo zimnej wody i krewetki.

Wydłużone ciasto smażymy łyżką po łyżce na dużej ilości oleju. Pozostawić aż dobrze się zarumieni.

SZTUCZKA

Ciasto po wymieszaniu łyżką powinno mieć konsystencję jogurtu.

PSTRĄG DO NAWARRY

SKŁADNIKI

4 pstrągi

8 plasterków szynki Serrano

Mąka

Oliwa z oliwek

Sól

Opracowanie

Włóż 2 plasterki szynki Serrano do każdego czystego i wypatroszonego pstrąga. Mąkę i doprawić solą.

Smażyć na dużej ilości oleju, a nadmiar tłuszczu odsączyć na papierze kuchennym.

SZTUCZKA

Temperatura oleju musi być średnio wysoka, aby ryba nie smażyła się tylko na zewnątrz, a ciepło nie przedostawało się do środka ryby.

TARTA GWIAZDA ŁOSOSIOWA Z AWOKADO

SKŁADNIKI

500 g łososia bez kości i skóry

6 kaparów

4 pomidory

3 ogórki kiszone

2 awokado

1 cebula dymka

Sok z 2 cytryn

sos Tabasco

Oliwa z oliwek

Sól

Opracowanie

Obierz i wypestkuj pomidory. Opróżnij awokado. Wszystkie składniki posiekać możliwie najdrobniej i wymieszać w misce.

Dopraw sokiem z cytryny, kilkoma kroplami Tabasco, oliwą z oliwek i solą.

SZTUCZKA

Można go przygotować z wędzonym łososiem lub inną podobną rybą, np. pstrągiem.

Przegrzebki galicyjskie

SKŁADNIKI

8 przegrzebków

125 g cebuli

125 g szynki serrano

80 g bułki tartej

1 łyżka świeżej pietruszki

½ łyżeczki słodkiej papryki

1 jajko na twardo, posiekane

Opracowanie

Drobno posiekaj cebulę i gotuj w niskiej temperaturze przez 10 minut. Dodać szynkę pokrojoną w drobną kostkę i smażyć kolejne 2 minuty. Dodaj paprykę i smaż kolejne 10 sekund. Wyjmij i ostudź.

Gdy ostygnie, przełóż je do miski i dodaj bułkę tartą, posiekaną natkę pietruszki i jajko. Mieszać.

Nadziewamy przegrzebki wcześniejszą mieszanką, układamy na talerzu i pieczemy w temperaturze 170°C przez 15 minut.

SZTUCZKA

Aby zaoszczędzić czas, przygotuj je wcześniej i upiecz w dniu, w którym będą potrzebne. Można go również przygotować z przegrzebkami, a nawet ostrygami.

KURCZAK W SOSIE Z GRZYBAMI

SKŁADNIKI

1 kurczak

350 g grzybów

½ litra bulionu z kurczaka

1 kieliszek białego wina

1 gałązka tymianku

1 gałązka rozmarynu

1 liść laurowy

2 pomidory

1 zielona papryka

1 ząbek czosnku

1 cebula

1 pieprz cayenne

Oliwa z oliwek

sól i pieprz

Opracowanie

Posiekaj, dopraw i podsmaż kurczaka na dużym ogniu. Usuń i zarezerwuj. Cebulę, pieprz cayenne, paprykę i czosnek podsmaż na tym samym oleju na małym ogniu, pokrój w bardzo małe kawałki, przez 5 minut. Zwiększ ogień i dodaj starte pomidory. Gotuj, aż cała woda z pomidora zniknie.

Dodaj kurczaka z powrotem i zalej winem, aż się zredukuje, a sos będzie prawie suchy. Wlać bulion i dodać zioła. Gotuj przez około 25 minut lub do momentu, aż kurczak będzie miękki.

Osobno na rozgrzanej patelni z odrobiną oleju smażymy plasterki grzybów doprawione solą przez 2 minuty. Dodaj je do gulaszu z kurczaka i gotuj przez kolejne 2 minuty. W razie potrzeby dopraw solą.

SZTUCZKA

Wynik jest równie dobry, gdy jest przygotowany z kurkami.

KURCZAK marynowany w cydrze

SKŁADNIKI

1 kurczak

2 szklanki octu

4 szklanki cydru jabłkowego

2 ząbki czosnku

2 marchewki

1 liść laurowy

1 por

2 szklanki oleju

Sól i ziarna pieprzu

Opracowanie

Kurczaka pokroić, doprawić i usmażyć w garnku. Usuń i zarezerwuj. Na tym samym oleju podsmaż pokrojoną w słupki marchewkę i por oraz posiekane ząbki czosnku. Gdy warzywa będą miękkie dodać płyn.

Dodać liść laurowy i pieprz, doprawić solą i smażyć kolejne 5 minut. Dodaj kurczaka i gotuj kolejne 12 minut. Przykryj i odstaw od źródła ciepła.

SZTUCZKA

Można go przechowywać pod przykryciem w lodówce przez kilka dni. Marynowanie to sposób konserwowania żywności.

GULASZ Z KURCZAKA Z NUSCALES

SKŁADNIKI

1 duży kurczak

150 g kurków

1 szklanka alkoholu

1 gałązka tymianku

1 gałązka rozmarynu

2 starte pomidory

2 ząbki czosnku

1 zielona papryka

1 czerwona papryka

1 marchewka

1 cebula

Rosół

Mąka

Oliwa z oliwek

sól i pieprz

Opracowanie

Doprawiamy i mąką pokrojonego na kawałki kurczaka. Smażyć na dużym ogniu z odrobiną oleju, wyjąć i zachować.

Na tym samym oleju podsmaż marchewkę, cebulę, czosnek i paprykę pokrojoną w małe kawałki na małym ogniu przez 20 minut.

Zwiększ ogień i dodaj starte pomidory. Gotuj, aż z pomidorów zniknie prawie cała woda. Dodać czyste i posiekane kurki. Gotuj na dużym ogniu przez 3 minuty, zalej brandy i poczekaj, aż zredukuje się.

Dodać z powrotem kurczaka i zalać bulionem. Dodać aromatyczne zioła i gotować kolejne 25 minut.

SZTUCZKA

Do tego dania można użyć dowolnego rodzaju grzybów sezonowych.

FILET Z KURCZAKA MADRILÑA

SKŁADNIKI

8 filetów z kurczaka

3 ząbki czosnku

2 łyżki świeżej pietruszki

1 łyżeczka mielonego kminku

Mąka, jajko i bułka tarta (do panierowania)

Oliwa z oliwek

sól i pieprz

Opracowanie

Wymieszaj natkę pietruszki i drobno posiekany czosnek z bułką tartą i kminkiem.

Filety doprawić i przełożyć przez mąkę, roztrzepane jajko i wcześniejszą mieszaninę.

Dociśnij rękoma, aby panierka dobrze się kleiła. Smażymy na dużej ilości gorącego oleju na złoty kolor.

SZTUCZKA

Można je zapiekać z kilkoma plasterkami mozzarelli i pomidorkami concassé (patrz rozdział Rosoły i sosy).

KURCZAK FRICANDÓ Z GRZYBAMI SHIITAKE

SKŁADNIKI

1 kg filetów z kurczaka

250 g grzybów shiitake

250 ml bulionu z kurczaka

150 ml alkoholu

2 pomidory

1 marchewka

1 ząbek czosnku

1 por

½ dymki

1 pęczek ziół (tymianek, rozmaryn, liść laurowy…)

1 łyżeczka papryki

Mąka

Oliwa z oliwek

sól i pieprz

Opracowanie

Posmaruj mąką filety z kurczaka pokrojone na ćwiartki. Smażymy na odrobinie oleju na średnim ogniu i wyjmujemy.

Na tym samym oleju usmaż pokrojone w drobną kostkę warzywa, dodaj sproszkowaną paprykę i na koniec dodaj starte pomidory.

Dobrze smaż, aż pomidor straci całą wodę, zwiększ ogień i dodaj grzyby. Gotuj przez 2 minuty, a następnie zanurz w brandy. Pozwól, aby cały alkohol odparował i włóż kurczaka z powrotem.

Wlać bulion i dodać zioła. Dopraw solą i gotuj na małym ogniu przez kolejne 5 minut.

SZTUCZKA

Odstawić pod przykryciem na 5 minut, aby smaki lepiej się połączyły.

Udka z kurczaka z whisky

SKŁADNIKI

12 udek z kurczaka

200 ml śmietany

150ml whisky

100 ml bulionu z kurczaka

3 żółtka

1 cebula dymka

Mąka

Oliwa z oliwek

sól i pieprz

Opracowanie

Dopraw, oprósz mąką i usmaż udka z kurczaka. Usuń i zarezerwuj.

Na tym samym oleju podsmaż drobno posiekaną cebulę przez 5 minut. Dodać whisky i flambé (okap musi być wyłączony). Wlać śmietanę i bulion. Dodaj ponownie kurczaka i gotuj na małym ogniu przez 20 minut.

Zdjąć z ognia, dodać żółtka i delikatnie wymieszać, aby sos lekko zgęstniał. W razie potrzeby doprawić solą i pieprzem.

SZTUCZKA

Whisky można zastąpić napojem alkoholowym, który lubimy najbardziej

PIECZONA KACZKA

SKŁADNIKI

1 czysta kaczka

1 litr bulionu z kurczaka

4 dl sosu sojowego

3 łyżki miodu

2 ząbki czosnku

1 mała cebula

1 pieprz cayenne

świeży imbir

Oliwa z oliwek

sól i pieprz

Opracowanie

W misce wymieszaj bulion z kurczaka, soję, starty czosnek, drobno posiekaną paprykę cayenne i cebulę, miód, kawałek startego imbiru i pieprzu. Marynuj kaczkę w tej mieszance przez 1 godzinę.

Wyjmij z marynaty i połóż na blasze do pieczenia z połową płynu z marynaty. Smażymy w temperaturze 200°C po 10 minut z każdej strony. Stale zwilżać pędzlem.

Obniż piekarnik do 180°C i piecz kolejne 18 minut z każdej strony (kontynuuj szczotkowanie co 5 minut).

Wyjmij i zachowaj kaczkę, a sos zredukuj o połowę w rondlu ustawionym na średnim ogniu.

SZTUCZKA

Najpierw upiecz ptaki piersią do dołu, dzięki temu będą mniej suche i bardziej soczyste.

PIERŚ Z KURCZAKA VILLAROY

SKŁADNIKI

1 kg piersi z kurczaka

2 marchewki

2 łodygi selera

1 cebula

1 por

1 rzepa

Mąka, jajko i bułka tarta (do panierowania)

Na beszamel

1 litr mleka

100 g masła

100g mąki

zmielona gałka muszkatołowa

sól i pieprz

Opracowanie

Wszystkie czyste warzywa gotujemy w 2 litrach wody (zimnej) przez 45 minut.

W międzyczasie przygotuj sos beszamelowy, podsmażając mąkę na maśle na średnim ogniu przez 5 minut. Następnie dodać mleko i wymieszać. Posmakuj i dodaj gałkę muszkatołową. Gotuj na małym ogniu przez 10 minut, nie przerywając ubijania.

Bulion odcedź i gotuj w nim piersi (całe lub filetowane) przez 15 minut. Wyjmij i ostudź. Polać piersi sosem beszamelowym i przechowywać w lodówce. Po ostygnięciu obtoczyć w mące, następnie w jajku i na koniec w bułce tartej. Smażyć na dużej ilości oleju i podawać gorące.

SZTUCZKA

Z bulionu i posiekanych warzyw można przygotować wykwintny krem.

PIERŚ Z KURCZAKA W SOSIE CYTRYNOWO-MUSZTARDOWYM

SKŁADNIKI

4 piersi z kurczaka

250ml kremu

3 łyżki brandy

3 łyżki musztardy

1 łyżka mąki

2 ząbki czosnku

1 cytryna

½ dymki

Oliwa z oliwek

sól i pieprz

Opracowanie

Piersi doprawiamy, kroimy w równe kawałki, podlewamy odrobiną oleju i podsmażamy. Rezerwacje.

Na tym samym oleju podsmaż cebulę i drobno posiekany czosnek. Dodaj mąkę i gotuj przez 1 minutę. Dodajemy brandy aż odparuje i wlewamy śmietanę, 3 łyżki soku z cytryny wraz ze skórką, musztardę i sól. Gotuj sos przez 5 minut.

Dodaj kurczaka i smaż na małym ogniu przez kolejne 5 minut.

SZTUCZKA

Zetrzyj cytrynę przed wyciśnięciem soku. Aby zaoszczędzić pieniądze, zamiast piersi można go również przygotować z mielonym kurczakiem.

SMAŻONA PINTADA ZE ŚLIWKAMI I GRZYBAMI

SKŁADNIKI

1 pomalowany

250 g grzybów

200ml portu

¼ litra bulionu z kurczaka

15 pestek śliwek

1 ząbek czosnku

1 łyżeczka mąki

Oliwa z oliwek

sól i pieprz

Opracowanie

Doprawiamy solą i pieprzem i smażymy perliczkę razem ze śliwkami w temperaturze 175°C przez 40 minut. W połowie pieczenia obrócić. Kiedy czas minie, wyjmij i zachowaj soki.

W garnku podsmażaj 2 łyżki oleju i mąkę przez 1 minutę. Kąpać się z winem i poczekać, aż zredukuje się o połowę. Na patelnię wlać sok i bulion. Gotuj przez 5 minut, nie przerywając mieszania.

Grzyby podsmażamy osobno z odrobiną posiekanego czosnku, dodajemy do sosu i doprowadzamy do wrzenia. Podawaj perliczkę z sosem.

SZTUCZKA

Na specjalne okazje można nadziewać perliczkę jabłkiem, gęsią wątróbką, mięsem mielonym, suszonymi owocami.

 AVES

PIERŚ Z KURCZAKA VILLAROY NADZIEWANA KARMELIZOWANYMI PIQUILOS Z OCTEM Z MODENY

SKŁADNIKI

4 filety z piersi kurczaka

100 g masła

100g mąki

1 litr mleka

1 puszka papryczek piquillo

1 szklanka octu z Modeny

½ szklanki cukru

gałka muszkatołowa

Jajko i bułka tarta (do panierowania)

Oliwa z oliwek

sól i pieprz

Opracowanie

Smażyć masło i mąkę na małym ogniu przez 10 minut. Następnie wlać mleko i gotować przez 20 minut, ciągle mieszając. Posmakuj i dodaj gałkę muszkatołową. Pozwól ostygnąć.

W międzyczasie karmelizuj paprykę octem i cukrem, aż ocet zacznie (właśnie zacznie) gęstnieć.

Przypraw filety i napełnij je piquillo. Zawiń piersi w folię spożywczą jak bardzo twarde cukierki, zamknij i gotuj w wodzie przez 15 minut.

Po ugotowaniu posmaruj z każdej strony sosem beszamelowym i przełóż przez roztrzepane jajko i bułkę tartą. Smażymy na dużej ilości oleju.

SZTUCZKA

Jeśli dodasz kilka łyżek curry podczas smażenia mąki na beszamel, efekt będzie inny i bardzo bogaty.

PIERŚ Z KURCZAKA NADZIEWANA BOCZKIEM, GRZYBAMI I SEREM

SKŁADNIKI

4 filety z piersi kurczaka

100g grzybów

4 plastry wędzonego boczku

2 łyżki musztardy

6 łyżek śmietanki

1 cebula

1 ząbek czosnku

pokroić ser

Oliwa z oliwek

sól i pieprz

Opracowanie

Przyprawić filety z kurczaka. Grzyby oczyścić i pokroić na ćwiartki.

Podsmaż boczek i podsmaż posiekane grzyby z czosnkiem na dużym ogniu.

Filety nafaszeruj boczkiem, serem i grzybami i dokładnie owiń folią spożywczą, jak cukierek. Gotować we wrzącej wodzie przez 10 minut. Usuń folię i filet.

Z drugiej strony podsmaż cebulę pokrojoną w drobną kostkę, dodaj śmietanę i musztardę, smaż 2 minuty i zmiksuj. sos na kurczaka

SZTUCZKA

Przezroczysta folia wytrzymuje wysokie temperatury i nie dodaje smaku potrawom.

KURCZAK W SŁODKIM WINIE ZE ŚLIWKAMI

SKŁADNIKI

1 duży kurczak

100 g śliwek bez pestek

½ litra bulionu z kurczaka

½ butelki słodkiego wina

1 cebula dymka

2 marchewki

1 ząbek czosnku

1 łyżka mąki

Oliwa z oliwek

sól i pieprz

Opracowanie

Kurczaka pokroić w kawałki zalać olejem na bardzo gorącym garnku i usmażyć. Usuń i zarezerwuj.

Na tym samym oleju podsmaż cebulę, czosnek i drobno posiekaną marchewkę. Gdy warzywa będą już dobrze ugotowane, dodaj mąkę i smaż jeszcze przez minutę.

Kąp się ze słodkim winem i zwiększaj ogień, aż prawie całkowicie się zredukuje. Zwilżyć bulionem i ponownie dodać kurczaka i suszone śliwki.

Gotuj około 15 minut lub do momentu, aż kurczak będzie miękki. Wyjąć kurczaka i wymieszać z sosem. Sezon z solą.

SZTUCZKA

Dodanie odrobiny zimnego masła do rozdrobnionego sosu i ubicie go trzepaczką sprawi, że będzie gęstszy i bardziej błyszczący.

POMARAŃCZOWA PIERŚ Z KURCZAKA Z ORZECHAMI nerkowca

SKŁADNIKI

4 piersi z kurczaka

75 g orzechów nerkowca

2 szklanki świeżego soku pomarańczowego

4 łyżki miodu

2 łyżki Cointreau

Mąka

Oliwa z oliwek

sól i pieprz

Opracowanie

Dopraw i posyp mąką piersi. Smażyć na dużej ilości oleju, wyjąć i zachować.

Gotuj sok pomarańczowy z Cointreau i miodem przez 5 minut. Do sosu dodaj piersi i gotuj na małym ogniu przez 8 minut.

Podawać z sosem i orzechami nerkowca.

SZTUCZKA

Innym sposobem na zrobienie dobrego sosu pomarańczowego jest rozpoczęcie od niezbyt ciemnych karmelków, do których dodaje się naturalny sok pomarańczowy.

PIKLOWANE SPECJALNIE

SKŁADNIKI

4 kuropatwy

300g cebuli

200 g marchewki

2 kieliszki białego wina

1 ząbek czosnku

1 liść laurowy

1 szklanka octu

1 szklanka oleju

sól i 10 ziarenek pieprzu

Opracowanie

Kuropatwy doprawiamy i smażymy na dużym ogniu. Usuń i zarezerwuj.

Na tym samym oleju podsmaż pokrojoną w paski marchewkę i cebulę. Gdy warzywa będą miękkie dodać wino, ocet, ziarna pieprzu, sól, czosnek i liść laurowy. Smaż przez 10 minut.

Dodaj ponownie kuropatwę i gotuj na małym ogniu przez kolejne 10 minut.

SZTUCZKA

Aby marynowane mięso lub ryba nabrały więcej smaku, powinny odpocząć co najmniej 24 godziny.

KURCZAKI CACCIATORE

SKŁADNIKI

1 mielony kurczak

50 g pokrojonych w plasterki grzybów

½ litra bulionu z kurczaka

1 kieliszek białego wina

4 starte pomidory

2 marchewki

2 ząbki czosnku

1 por

½ cebuli

1 pęczek ziół (tymianek, rozmaryn, liść laurowy...)

Oliwa z oliwek

sól i pieprz

Opracowanie

W bardzo gorącym garnku dopraw kurczaka odrobiną oleju i usmaż. Usuń i zarezerwuj.

Na tym samym oleju podsmaż kostki marchewki, czosnek, por i cebulę. Następnie dodaj startego pomidora. Smaż, aż pomidor straci wodę. Włóż kurczaka z powrotem.

Grzyby podsmaż osobno i również dodaj je do gulaszu. Kąp się z lampką wina i pozwól mu się zredukować.

Wlać bulion i dodać zioła. Gotuj, aż kurczak będzie miękki. Dostosuj sól.

SZTUCZKA

To danie można również przygotować z indyka, a nawet królika.

Skrzydełka z kurczaka w stylu COCA Cola

SKŁADNIKI

1 kg skrzydełek z kurczaka

½ litra coli

4 łyżki brązowego cukru

2 łyżki sosu sojowego

1 płaska łyżka oregano

½ cytryny

sól i pieprz

Opracowanie

Do rondelka włóż Coca-Colę, cukier, soję, oregano i sok z połowy cytryny i gotuj przez 2 minuty.

Skrzydełka przekrój na pół i dopraw solą. Piecz je w temperaturze 160°C, aż nabiorą lekko koloru. W tym momencie dodaj połowę sosu i obróć skrzydełka. Obracaj je co 20 minut.

Gdy sos prawie się zredukuje, dodajemy drugą połowę i kontynuujemy smażenie, aż sos zgęstnieje.

SZTUCZKA

Dodanie gałązki wanilii podczas przygotowywania sosu wzmacnia smak i dodaje wyrazistego akcentu.

KURCZAK Z CZOSNKIEM

SKŁADNIKI

1 mielony kurczak

8 ząbków czosnku

1 kieliszek białego wina

1 łyżka mąki

1 pieprz cayenne

Ocet

Oliwa z oliwek

sól i pieprz

Opracowanie

Dopraw kurczaka i dobrze usmaż. Zarezerwuj i poczekaj, aż olej ostygnie.

Ząbki czosnku pokroić w kostkę, wymieszać z czosnkiem i pieprzem cayenne (smażyć na oleju, nie smażyć) tak, aby nie przybrały koloru.

Kąpać się w winie i poczekać, aż nabierze określonej gęstości, ale nie będzie suche.

Następnie dodajemy kurczaka i stopniowo dodajemy łyżeczkę mąki. Mieszamy (sprawdź, czy czosnek przykleja się do kurczaka, jeśli nie, dodaj jeszcze trochę mąki, aż się lekko przyklei).

Przykryj i od czasu do czasu mieszaj. Gotuj na małym ogniu przez 20 minut. Na koniec dolej odrobinę octu i gotuj jeszcze przez 1 minutę.

SZTUCZKA

Smażony kurczak jest niezbędny. Trzeba go bardzo mocno podgrzać, żeby na zewnątrz był złocisty, a w środku soczysty.

KURCZAK CHILINDRÓN

SKŁADNIKI

1 mały kurczak, posiekany

350 g posiekanej szynki Serrano

1 puszka 800 g suszonych pomidorów

1 duża czerwona papryka

1 duża zielona papryka

1 duża cebula

2 ząbki czosnku

tymianek

1 kieliszek białego lub czerwonego wina

Cukier

Oliwa z oliwek

sól i pieprz

Opracowanie

Doprawiamy kurczaka i smażymy na dużym ogniu. Usuń i zarezerwuj.

Na tym samym oleju podsmaż paprykę, czosnek i cebulę pokrojoną w średnie kawałki. Gdy warzywa dobrze się zarumienią, dodać szynkę i dusić kolejne 10 minut.

Włóż kurczaka z powrotem i zalej go winem. Redukuj na dużym ogniu przez 5 minut i dodaj pomidory i tymianek. Zmniejsz ogień i gotuj przez kolejne 30 minut. Dostosuj sól i cukier.

SZTUCZKA

W tym samym przepisie można zrobić klopsiki. Nic nie zostaje na talerzu!

marynowane z przepiórką i czerwonymi owocami

SKŁADNIKI

4 przepiórki

150 g czerwonych owoców

1 szklanka octu

2 kieliszki białego wina

1 marchewka

1 por

1 ząbek czosnku

1 liść laurowy

Mąka

1 szklanka oleju

Sól i ziarna pieprzu

Opracowanie

Oprószyć mąką, doprawić i w garnku podsmażyć przepiórkę. Usuń i zarezerwuj.

Na tym samym oleju podsmaż pokrojoną w słupki marchewkę i por oraz czosnek pokrojony w plasterki. Gdy warzywa będą miękkie dodać olej, ocet i wino.

Dodać liść laurowy i pieprz. Dopraw solą i gotuj z czerwonymi owocami przez 10 minut.

Dodaj przepiórkę i gotuj przez kolejne 10 minut, aż będzie miękka. Przykryj i odstaw od źródła ciepła.

SZTUCZKA

Marynata ta w połączeniu z mięsem przepiórczym stanowi wspaniały dressing i dodatek do dobrej sałaty.

KURCZAK CYTRYNOWY

SKŁADNIKI

1 kurczak

30 g cukru

25 g masła

1 litr bulionu z kurczaka

1 dl białego wina

Sok z 3 cytryn

1 cebula

1 por

Oliwa z oliwek

sól i pieprz

Opracowanie

Kurczaka pokroić i doprawić. Zrumienić na dużym ogniu i zdjąć.

Cebulę obierz, por oczyść i pokrój w paski julienne. Warzywa podsmaż na tym samym oleju, na którym smażono kurczaka. Kąp się z winem i pozwól mu się zredukować.

Dodać sok z cytryny, cukier i bulion. Gotuj 5 minut i zwróć kurczaka. Gotuj na małym ogniu przez kolejne 30 minut. Doprawić solą i pieprzem.

SZTUCZKA

Aby sos był delikatniejszy i pozbawiony kawałków warzyw, lepiej go posiekać.

KURCZAK SAN JACOBO Z SZYNKĄ SERRANO, CIASTECZEM CASAR I ARUKOLĄ

SKŁADNIKI

8 cienkich filetów z kurczaka

150 g ciasta Casar

Rakieta 100g

4 plastry szynki Serrano

Mąka, jajko i zboże (do panierowania)

Oliwa z oliwek

sól i pieprz

Opracowanie

Filety z kurczaka doprawić i posmarować serem. Na jednym z nich ułóż rukolę i szynkę Serrano, a na wierzch połóż drugą, aby ją zamknąć. Zrób to samo z resztą.

Przełóż je przez mąkę, roztrzepane jajko i pokruszone ziarno. Smażyć na dużej ilości gorącego oleju przez 3 minuty.

SZTUCZKA

Można go posypać pokruszonym popcornem, Kikosem, a nawet robakami. Wynik jest bardzo zabawny.

PIECZONY KURCZAK CURRY

SKŁADNIKI

4 udka z kurczaka (na osobę)

1 litr śmietanki

1 cebula dymka lub cebula

2 łyżki curry

4 jogurty naturalne

Sól

Opracowanie

Cebulę pokroić w drobną kostkę i wymieszać w misce z jogurtem, śmietaną i curry. Z solą.

Zrób kilka nacięć w kurczaku i marynuj go w sosie jogurtowym przez 24 godziny.

Piecz przez 90 minut w temperaturze 180°C, wyjmij kurczaka i podawaj z bitą śmietaną.

SZTUCZKA

Jeśli zostanie trochę sosu, możesz go wykorzystać do zrobienia pysznych klopsików.

KURCZAK W CZERWONYM WINIE

SKŁADNIKI

1 mielony kurczak

½ litra czerwonego wina

1 gałązka rozmarynu

1 gałązka tymianku

2 ząbki czosnku

2 pory

1 czerwona papryka

1 marchewka

1 cebula

Rosół

Mąka

Oliwa z oliwek

sól i pieprz

Opracowanie

Doprawić kurczaka i obsmażyć go na bardzo gorącej patelni. Usuń i zarezerwuj.

Warzywa pokroić na małe kawałki i podsmażyć na tym samym oleju, na którym smażono kurczaka.

Zalać winem, dodać zioła i gotować na dużym ogniu około 10 minut, aż wszystko się zredukuje. Ponownie dodaj kurczaka i polej bulionem, aż będzie przykryty. Gotuj kolejne 20 minut lub do momentu, aż mięso będzie miękkie.

SZTUCZKA

Jeśli chcesz rzadszy sos bez kawałków, zmiksuj i odcedź sos.

SMAŻONY KURCZAK Z CZARNYM PIWEM

SKŁADNIKI

4 udka z kurczaka

750 ml ciemnego piwa

1 łyżka kminku

1 gałązka tymianku

1 gałązka rozmarynu

2 cebule

3 ząbki czosnku

1 marchewka

sól i pieprz

Opracowanie

Julienne cebulę, marchewkę i czosnek. Na dnie blachy do pieczenia połóż tymianek i rozmaryn, a na wierzch połóż cebulę, marchewkę i czosnek; a następnie udka z kurczaka, skórą do dołu, doprawione szczyptą kminku. Smażyć w temperaturze 175°C przez ok. 45 minut.

Po 30 minutach zwilżyć piwem, obrócić spód i piec kolejne 45 minut. Gdy kurczak będzie upieczony, zdejmij go z blachy i zmiksuj sos.

SZTUCZKA

Dodanie 2 pokrojonych w plasterki jabłek na środek pieczeni i zmiksowanie ich z pozostałym sosem sprawia, że smak staje się jeszcze lepszy.

CZEKOLADA WYJĄTKOWA

SKŁADNIKI

4 kuropatwy

½ litra bulionu z kurczaka

½ kieliszka czerwonego wina

1 gałązka rozmarynu

1 gałązka tymianku

1 cebula dymka

1 marchewka

1 ząbek czosnku

1 starty pomidor

Czekolada

Oliwa z oliwek

sól i pieprz

Opracowanie

Doprawić i usmażyć kuropatwy. Rezerwacje.

Podsmaż drobno posiekaną marchewkę, czosnek i dymkę na tym samym oleju na średnim ogniu. Zwiększ ogień i dodaj pomidora. Gotuj, aż straci wodę. Kąpać się z winem i pozwolić, aby zredukowało się prawie całkowicie.

Wlać bulion i dodać zioła. Gotuj na małym ogniu, aż kuropatwy będą miękkie. Dostosuj sól. Zdjąć z ognia i dodać czekoladę do smaku. Usunąć.

SZTUCZKA

Aby nadać potrawie pikantny akcent, można dodać pieprz cayenne, a jeśli chcemy, żeby było chrupiące, dodać prażone orzechy laskowe lub migdały.

SMAŻONE ĆWIARTKI Z INDYKA Z SOSEM CZERWONYCH OWOCÓW

SKŁADNIKI

4 tyłki z indyka

250 g czerwonych owoców

½ litra wina musującego

1 gałązka tymianku

1 gałązka rozmarynu

3 ząbki czosnku

2 pory

1 marchewka

Oliwa z oliwek

sól i pieprz

Opracowanie

Por, marchew i czosnek oczyść i pokrój w paski. Ułóż te warzywa na blasze do pieczenia wraz z tymiankiem, rozmarynem i czerwonymi jagodami.

Na wierzchu ułożyć ćwiartki indyka, doprawione odrobiną oliwy, skórą do dołu. Piec w temperaturze 175°C przez 1 godzinę.

Po 30 minutach kąpiel z cavą. Obróć mięso i piecz przez kolejne 45 minut. Po upływie tego czasu wyjąć z miski. Wymieszaj, odcedź i dopraw sos solą.

SZTUCZKA

Indyk jest gotowy, gdy udko i udo łatwo odchodzą.

SMACZONY KURCZAK Z SOSEM BRZOSKWINIOWYM

SKŁADNIKI

4 udka z kurczaka

½ litra białego wina

1 gałązka tymianku

1 gałązka rozmarynu

3 ząbki czosnku

2 brzoskwinie

2 cebule

1 marchewka

Oliwa z oliwek

sól i pieprz

Opracowanie

Julienne cebulę, marchewkę i czosnek. Brzoskwinie obierz, przekrój na pół i usuń kość.

Na dnie blachy do pieczenia ułóż tymianek i rozmaryn wraz z marchewką, cebulą i czosnkiem. Na wierzchu ułożyć posmarowane olejem zadki skórą do dołu i smażyć w temperaturze 175°C przez około 45 minut.

Po 30 minutach zalać białym winem, odwrócić i smażyć kolejne 45 minut. Gdy kurczak będzie upieczony, zdejmij go z blachy i zmiksuj sos.

SZTUCZKA

Do pieczeni można dodać jabłka lub gruszki. Sos będzie smakował wyśmienicie.

FILET Z KURCZAKA NADZIEWANY SZpinakiem I MOZZARELLĄ

SKŁADNIKI

8 cienkich filetów z kurczaka

200 g świeżego szpinaku

150 g mozzarelli

8 liści bazylii

1 łyżeczka mielonego kminku

Mąka, jajko i bułka tarta (do panierowania)

Oliwa z oliwek

sól i pieprz

Opracowanie

Przyprawiamy piersi z obu stron. Na wierzch połóż szpinak, połamany na kawałki ser i posiekaną bazylię i przykryj kolejnym filetem. Przesiać przez mąkę, roztrzepane jajko oraz mieszankę bułki tartej i kminku.

Smażyć po kilka minut z każdej strony, usuwając nadmiar oleju na ręcznikach papierowych.

SZTUCZKA

Idealnym dodatkiem jest dobry sos pomidorowy. To danie można przygotować z indyka, a nawet ze świeżych pasków polędwicy.

SMAŻONY KURCZAK Z CAVA

SKŁADNIKI

4 udka z kurczaka

1 butelka wina musującego

1 gałązka tymianku

1 gałązka rozmarynu

3 ząbki czosnku

2 cebule

Oliwa z oliwek

sól i pieprz

Opracowanie

Cebula Julienne i czosnek. Połóż tymianek i rozmaryn na dnie blachy do pieczenia, na wierzchu ułóż cebulę, czosnek, a następnie przyprawione tylne udka, skórą do dołu. Smażyć w temperaturze 175°C przez ok. 45 minut.

Po 30 minutach wykąpać się z cavą, odwrócić tyłem i piec kolejne 45 minut. Gdy kurczak będzie upieczony, zdejmij go z blachy i zmiksuj sos.

SZTUCZKA

Inną odmianą tego samego przepisu jest przygotowanie go z Lambrusco lub słodkim winem.

Szaszłyki z kurczaka z sosem orzechowym

SKŁADNIKI

600 g piersi z kurczaka

150 g orzeszków ziemnych

500 ml bulionu z kurczaka

200 ml śmietany

3 łyżki sosu sojowego

3 łyżki miodu

1 łyżka curry

1 drobno posiekana papryczka cayenne

1 łyżka soku z limonki

Oliwa z oliwek

sól i pieprz

Opracowanie

Orzeszki ziemne bardzo dobrze zmiel, aż zmienią się w pastę. W misce wymieszaj sok z limonki, bulion, soję, miód, curry, sól i pieprz. Piersi pokroić na kawałki i marynować w tej mieszance przez noc.

Wyjmij kurczaka i nabij go na patyczki do szaszłyków. Gotuj poprzednią mieszaninę razem ze śmietaną na małym ogniu przez 10 minut.

Smażyć szaszłyki na patelni na średnim ogniu i podawać z sosem.

SZTUCZKA

Można je zrobić z kurczakiem. Ale zamiast przyrumieniać je na patelni, upiecz je w piekarniku z sosem na wierzchu.

KURCZAK W PEPITORII

SKŁADNIKI

1 ½ kg kurczaka

250g cebuli

50 g prażonych migdałów

25 g smażonego chleba

½ litra bulionu z kurczaka

¼ litra dobrego wina

2 ząbki czosnku

2 liście laurowe

2 jajka na twardo

1 łyżka mąki

14 nitek szafranu

150 g oliwy z oliwek

sól i pieprz

Opracowanie

Kurczaka pokroić na kawałki i doprawić. Brązowy i powściągliwy.

Cebulę i czosnek pokroić w drobną kostkę i podsmażyć na tym samym oleju, na którym smażył się kurczak. Dodać mąkę i dusić na małym ogniu przez 5 minut. Kąp się z winem i pozwól mu się zredukować.

Zalewamy słonym bulionem i gotujemy kolejne 15 minut. Następnie dodaj zarezerwowanego kurczaka wraz z liśćmi laurowymi i smaż, aż kurczak będzie miękki.

Szafran podsmażyć osobno i dodać do zaprawy razem ze smażonym chlebem, migdałami i żółtkami. Zmiksuj, aż powstanie pasta i dodaj do gulaszu z kurczaka. Gotuj przez kolejne 5 minut.

SZTUCZKA

Nie ma lepszego dodatku do tego przepisu niż dobry pilaw ryżowy. Można go podać z posiekanymi białkami jaj i odrobiną drobno posiekanej natki pietruszki.

POMARAŃCZOWY KURCZAK

SKŁADNIKI

1 kurczak

25 g masła

1 litr bulionu z kurczaka

1 dl wina różowego

2 łyżki miodu

1 gałązka tymianku

2 marchewki

2 pomarańcze

2 pory

Oliwa z oliwek

sól i pieprz

Opracowanie

Doprawiamy pokrojonego kurczaka i smażymy na oliwie na dużym ogniu. Usuń i zarezerwuj.

Marchew i por obierz, oczyść i pokrój w paski julienne. Smażymy na tym samym oleju, na którym smażył się kurczak. Zalać winem i gotować na dużym ogniu, aż zredukuje się.

Dodać sok pomarańczowy, miód i bulion. Gotuj przez 5 minut i ponownie dodaj kawałki kurczaka. Dusić na małym ogniu przez 30 minut. Dodaj zimne masło i dopraw solą i pieprzem.

SZTUCZKA

Możesz pominąć dużą garść orzechów i dodać je do gulaszu pod koniec gotowania.

Gulasz z kurczaka z borowikami

SKŁADNIKI

1 kurczak

200 g szynki Serrano

200 g borowików

50 g masła

600 ml bulionu z kurczaka

1 kieliszek białego wina

1 gałązka tymianku

1 ząbek czosnku

1 marchewka

1 cebula

1 pomidor

Oliwa z oliwek

sól i pieprz

Opracowanie

Kurczaka pokroić, doprawić i podsmażyć na maśle i odrobinie oleju. Usuń i zarezerwuj.

Na tym samym tłuszczu podsmaż cebulę, marchewkę i czosnek pokrojony w drobną kostkę wraz z pokrojoną w kostkę szynką. Zwiększ ogień i dodaj pokrojone borowiki. Gotuj przez 2 minuty, dodaj startego pomidora i gotuj, aż straci całą wodę.

Dodaj ponownie kawałki kurczaka i zalej winem. Redukuj, aż sos będzie prawie suchy. Wlać bulion i dodać tymianek. Gotuj na małym ogniu przez 25 minut lub do momentu, aż kurczak będzie miękki. Dostosuj sól.

SZTUCZKA

Używaj grzybów sezonowych lub suszonych.

SMACZONY KURCZAK Z ORZECHAMI I SOJĄ

SKŁADNIKI

3 piersi z kurczaka

70 g rodzynek

30 g migdałów

30 g orzechów nerkowca

30 g orzechów włoskich

30 g orzechów laskowych

1 szklanka bulionu z kurczaka

3 łyżki sosu sojowego

2 ząbki czosnku

1 pieprz cayenne

1 cytryna

Ożywić

Oliwa z oliwek

sól i pieprz

Opracowanie

Piersi pokroić, doprawić solą i pieprzem i smażyć na patelni na dużym ogniu. Usuń i zarezerwuj.

Na oliwie podsmaż orzechy wraz z startym czosnkiem, kawałkiem startego imbiru, pieprzem cayenne i skórką z cytryny.

Dodaj rodzynki, zachowaną pierś z kurczaka i soję. Redukuj przez 1 minutę i zalej bulionem. Gotuj na średnim ogniu przez kolejne 6 minut, w razie potrzeby dodając sól.

SZTUCZKA

Sól praktycznie nie jest konieczna, gdyż pochodzi ona niemal w całości z nasion soi.

CZEKOLADOWY KURCZAK Z PRAŻONYMI MIGDAŁAMI

SKŁADNIKI

1 kurczak

60 g startej ciemnej czekolady

1 kieliszek czerwonego wina

1 gałązka tymianku

1 gałązka rozmarynu

1 liść laurowy

2 marchewki

2 ząbki czosnku

1 cebula

rosół z kurczaka (lub woda)

Prażone migdały

Oliwa z oliwek z pierwszego tłoczenia

sól i pieprz

Opracowanie

Posiekaj, dopraw i podsmaż kurczaka w bardzo gorącym garnku. Usuń i zarezerwuj.

Na tym samym oleju podsmaż na małym ogniu cebulę, marchewkę i pokrojone w drobną kostkę ząbki czosnku.

Dodać liść laurowy oraz gałązki tymianku i rozmarynu. Dodać wino i bulion i gotować na małym ogniu przez 40 minut. Dopraw solą i wyjmij kurczaka.

Sos przecedź przez blender i włóż z powrotem do garnka. Dodać kurczaka i czekoladę i mieszać, aż czekolada się rozpuści. Gotuj kolejne 5 minut, aby wymieszać smaki.

SZTUCZKA

Na koniec posyp prażonymi migdałami. Dodatek pieprzu cayenne lub papryczki chili nadaje mu pikantną nutę.

KEBS JAGNIĘCY Z VINAIGRETEM PIEPRZOWO-MUSZTARDOWYM

SKŁADNIKI

350 g jagnięciny

2 łyżki octu

1 płaska łyżka papryki

1 płaska łyżka musztardy

1 płaska łyżka cukru

1 taca pomidorków koktajlowych

1 zielona papryka

1 czerwona papryka

1 mała cebula dymka

1 cebula

5 łyżek oliwy z oliwek

sól i pieprz

Opracowanie

Oczyść warzywa z wyjątkiem szczypiorku i pokrój je w średniej wielkości kwadraty. Pokrój jagnięcinę w kostki jednakowej wielkości. Zbijamy szaszłyki, na przemian kawałek mięsa i kawałek warzyw. Pora roku. Smażymy je na bardzo gorącej patelni z odrobiną oleju przez 1–2 minuty z każdej strony.

Oddzielnie w misce wymieszaj musztardę, paprykę, cukier, olej, ocet i pokrojoną w drobną kostkę cebulę. Doprawić solą i zemulgować.

Świeżo przygotowane szaszłyki podawaj z odrobiną sosu paprykowego.

SZTUCZKA

Do sosu winegret można dodać także 1 łyżkę curry i odrobinę skórki z cytryny.

Płetwa cielęca wypełniona porto

SKŁADNIKI

1 kg płetwy cielęcej (otwarta w książce do napełnienia)

350 g mięsa mielonego

1kg marchewki

1kg cebuli

100 g orzeszków piniowych

1 mała puszka papryczek piquillo

1 puszka czarnych oliwek

1 opakowanie boczku

1 ząbek czosnku

2 liście laurowe

Porto

Zupa mięsna

Oliwa z oliwek

Sól i ziarna pieprzu

Opracowanie

Przypraw płetwę z obu stron. Nadziewać wieprzowiną, orzeszkami pinii, posiekaną papryką, pokrojonymi w ćwiartki oliwkami i pokrojonym w paski boczkiem. Zwiń go i zawiń w siatkę lub zawiąż uzdą. Zrumienić na bardzo dużym ogniu, wyjąć i zachować.

Marchewkę, cebulę i czosnek pokroić w brunoise i podsmażyć na tym samym oleju, na którym smażona była cielęcina. Załóż płetwę z powrotem. Kąpać się z odrobiną porto i bulionu mięsnego, aż wszystko zostanie pokryte. Dodaj 8 ziaren pieprzu i liście laurowe. Przykryj i gotuj na małym ogniu przez 40 minut. Obracaj co 10 minut. Gdy mięso będzie miękkie, wyjmij i zmiksuj sos.

SZTUCZKA

Porto może zastąpić każde inne wino lub szampana.

KLOPY MIĘSNE MADRILEÑA

SKŁADNIKI

1kg mięsa mielonego

500g mięsa mielonego

500 g dojrzałych pomidorów

150 g cebuli

100g grzybów

1 l bulionu mięsnego (lub wody)

2 dl białego wina

2 łyżki świeżej pietruszki

2 łyżki bułki tartej

1 łyżka mąki

3 ząbki czosnku

2 marchewki

1 liść laurowy

1 jajko

Cukier

Oliwa z oliwek

sól i pieprz

Opracowanie

Wymieszaj oba kawałki mięsa z posiekaną natką pietruszki, 2 pokrojonymi w kostkę ząbkami czosnku, bułką tartą, jajkiem, solą i pieprzem. Formuj kulki i smaż na patelni. Usuń i zarezerwuj.

Na tym samym oleju zeszklić cebulę z pozostałym czosnkiem, dodać mąkę i podsmażyć. Dodaj pomidory i gotuj przez kolejne 5 minut. Zalać winem i gotować kolejne 10 minut. Zwilżyć bulionem i gotować kolejne 5 minut. Zmiel i oczyść sól i cukier. Gotuj klopsiki w sosie razem z liściem laurowym przez 10 minut.

Marchew i grzyby oczyść, obierz i osobno pokrój w kostkę. Smaż je na odrobinie oleju przez 2 minuty i dodaj do gulaszu z klopsików.

SZTUCZKA

Aby mieszanka klopsików była smaczniejsza, dodaj 150 g posiekanego świeżego boczku iberyjskiego. Lepiej nie dociskać zbyt mocno, żeby kulki były bardziej soczyste.

Policzki cielęce z czekoladą

SKŁADNIKI

8 policzków cielęcych

½ litra czerwonego wina

6 uncji czekolady

2 ząbki czosnku

2 pomidory

2 pory

1 łodyga selera

1 marchewka

1 cebula

1 gałązka rozmarynu

1 gałązka tymianku

Mąka

Rosół wołowy (lub woda)

Oliwa z oliwek

sól i pieprz

Opracowanie

Dopraw i usmaż policzki w bardzo gorącym garnku. Usuń i zarezerwuj.

Warzywa pokroić w kostkę i podsmażyć w tym samym garnku, w którym smażone były policzki.

Gdy warzywa będą miękkie, dodać starte pomidory i gotować, aż stracą całą wodę. Dodaj wino i zioła i gotuj na wolnym ogniu przez 5 minut. Dodaj policzki i bulion wołowy, aż zostaną przykryte.

Gotuj, aż policzki będą bardzo miękkie, dodaj czekoladę do smaku, wymieszaj i dopraw solą i pieprzem.

SZTUCZKA

Sos można rozgnieść lub pozostawić z całymi kawałkami warzyw.

KONFITOWANY PIECZNIK WIEPRZOWY Z SOSEM SŁODKIEGO WINA

SKŁADNIKI

½ posiekanej prosiaczki

1 kieliszek słodkiego wina

2 gałązki rozmarynu

2 gałązki tymianku

4 ząbki czosnku

1 mała marchewka

1 mała cebula

1 pomidor

łagodna oliwa z oliwek

Sól gruboziarnista

Opracowanie

Rozłóż prosię na tacy i posol je z obu stron. Dodać zmiażdżony czosnek i aromaty. Zalać olejem i piec w temperaturze 100°C przez 5 godzin. Następnie ostudź i usuń kości, usuwając mięso i skórę.

Połóż papier pergaminowy na blasze do pieczenia. Podzielić mięso prosiąt ssących i położyć na wierzchu skórę prosiąt (powinna mieć wysokość co najmniej 2 palców). Połóż kolejny kawałek papieru pergaminowego i przechowuj w lodówce z odrobiną ciężaru na wierzchu.

W międzyczasie przygotuj ciemny bulion. Kości i warzywa pokroić na średniej wielkości kawałki. Piecz kości przez 35 minut w temperaturze 185°C, połóż warzywa na bokach i piecz przez kolejne 25 minut. Wyjmij z piekarnika i zalej winem. Wszystko włóż do garnka i zalej zimną wodą. Gotuj na bardzo małym ogniu przez 2 godziny. Odcedź i podgrzewaj ponownie, aż lekko zgęstnieje. Odtłuścić.

Ciasto pokroić na porcje i smażyć na rozgrzanej patelni od strony skóry, aż będzie chrupiące. Piec 3 minuty w temperaturze 180°C.

SZTUCZKA

Jest to danie bardziej pracochłonne niż trudne, ale efekt jest spektakularny. Jedynym trikiem, aby mięso się nie zepsuło, jest podanie sosu z jednej strony mięsa, a nie z wierzchu.

KRÓLIK Z MARCEM

SKŁADNIKI

1 posiekany królik

80 g migdałów

1 litr bulionu z kurczaka

400 ml wytłoków

200 ml śmietany

1 gałązka rozmarynu

1 gałązka tymianku

2 cebule

2 ząbki czosnku

1 marchewka

10 nitek szafranu

sól i pieprz

Opracowanie

Królika pokroić, doprawić i usmażyć. Usuń i zarezerwuj.

Na tym samym oleju podsmaż marchewkę, cebulę i czosnek, pokrojone w małe kawałki. Dodaj szafran i migdały i gotuj przez 1 minutę.

Rozpal ogień i wykąp się w wytłokach. Flambé Ponownie dodaj królika i polej bulionem. Dodać gałązki tymianku i rozmarynu.

Gotuj, aż królik będzie miękki, około 30 minut, i dodaj śmietanę. Gotuj kolejne 5 minut i dopraw solą.

SZTUCZKA

Flambear spala alkohol z ducha. Upewnij się, że okap jest wyłączony.

Klopsiki w sosie orzechowym PEPITORIA

SKŁADNIKI

750 g mięsa mielonego

750 g mięsa mielonego

250g cebuli

60 g orzechów laskowych

25 g smażonego chleba

½ litra bulionu z kurczaka

¼ litra białego wina

10 nitek szafranu

2 łyżki świeżej pietruszki

2 łyżki bułki tartej

4 ząbki czosnku

2 jajka na twardo

1 świeże jajko

2 liście laurowe

150 g oliwy z oliwek

sól i pieprz

Opracowanie

W misce wymieszaj mięso, posiekaną natkę pietruszki, pokrojony w kostkę czosnek, bułkę tartą, jajko, sól i pieprz. Oprószyć mąką i smażyć w rondlu na średnim ogniu. Usuń i zarezerwuj.

Na tym samym oleju lekko podsmaż cebulę, a pozostałe 2 ząbki czosnku pokrój w drobną kostkę. Kąp się z winem i pozwól mu się zredukować. Zalewamy bulionem i gotujemy 15 minut. Do sosu dodać klopsiki wraz z listkami laurowymi i gotować kolejne 15 minut.

Szafran podsmażyć oddzielnie i rozetrzeć w moździerzu razem ze smażonym chlebem, orzechami laskowymi i żółtkami, aż powstanie gładka pasta. Dodaj do gulaszu i gotuj przez kolejne 5 minut.

SZTUCZKA

Podawać z posiekanym białkiem i odrobiną natki pietruszki.

cielęcina kalopiny z czarnym piwem

SKŁADNIKI

4 filety cielęce

125 g grzybów shiitake

1/3 litra ciemnego piwa

1 dl bulionu mięsnego

1dl kremu

1 marchewka

1 cebula dymka

1 pomidor

1 gałązka tymianku

1 gałązka rozmarynu

Mąka

Oliwa z oliwek

sól i pieprz

Opracowanie

Filety doprawiamy i mąką. Smażymy lekko na patelni z odrobiną oleju. Usuń i zarezerwuj.

Na tym samym oleju podsmaż cebulę i marchewkę w kostce. Po ugotowaniu dodaj startego pomidora i gotuj, aż sos będzie prawie suchy.

Zalać piwem, odparować alkohol na średnim ogniu przez 5 minut, dodać bulion, zioła i filety. Gotuj przez 15 minut lub do miękkości.

Osobno na dużym ogniu podsmażamy filety z grzybów i dodajemy je do gulaszu. Dostosuj sól.

SZTUCZKA

Filetów nie należy gotować zbyt długo, w przeciwnym razie staną się bardzo twarde.

WYCIECZKI MADRILÑA

SKŁADNIKI

1 kg czystych flaków

2 świńskie stopy

25 g mąki

1 dl octu

2 łyżki papryki

2 liście laurowe

2 cebule (1 posiekana)

1 ząbek czosnku

1 papryczka chili

2 dl oliwy z oliwek

20 g soli

Opracowanie

Flaki i nóżki wieprzowe zblanszuj w garnku z zimną wodą. Gotuj przez 5 minut, gdy zacznie wrzeć.

Odcedź i napełnij czystą wodą. Dodać posiekaną cebulę, papryczkę chili, główkę czosnku i liście laurowe. W razie potrzeby dodać więcej wody, aby dobrze przykryła potrawę i gotować na małym ogniu pod przykryciem przez 4 godziny lub do momentu, aż nóżki i flaki będą miękkie.

Gdy flaki będą gotowe, wyjmij posiekaną cebulę, liść laurowy i papryczkę chili. Usuń także nóżki, usuń kości i pokrój je na kawałki tej samej wielkości co flaki. Dodaj z powrotem do garnka.

Osobno podsmaż drugą cebulę pokrojoną w brunoise, dodaj paprykę i 1 łyżkę mąki. Po ugotowaniu dodać do gulaszu. Gotuj przez 5 minut, dopraw solą i w razie potrzeby zagęść.

SZTUCZKA

Ten przepis zyskuje więcej smaku, jeśli zostanie przygotowany dzień lub dwa wcześniej. Możesz także dodać trochę ugotowanej ciecierzycy i otrzymać danie warzywne premium.

SMAŻONA POLĘDWICZKA Z JABŁKIEM I MIĘTĄ

SKŁADNIKI

800 g świeżego filetu wieprzowego

500g jabłek

60 g cukru

1 kieliszek białego wina

1 szklanka alkoholu

10 liści mięty

1 liść laurowy

1 duża cebula

1 marchewka

Oliwa z oliwek

sól i pieprz

Opracowanie

Doprawiamy polędwiczkę i smażymy na dużym ogniu. Usuń i zarezerwuj.

Na oleju tym podsmaż oczyszczoną i drobno posiekaną cebulę i marchewkę. Obierz jabłka i wydrąż gniazda nasienne.

Wszystko ułożyć na blasze do pieczenia, zalać alkoholem i dodać liść laurowy. Piec w temperaturze 185°C przez 90 minut.

Wyjąć jabłka i warzywa, zmiksować na puree z cukrem i miętą. Filet z sosem zalewamy sokiem z pieczenia i podajemy z kompotem jabłkowym.

SZTUCZKA

Podczas pieczenia do blachy dodajemy odrobinę wody, aby zapobiec wysychaniu filetu.

Klopsiki z kurczaka z sosem malinowym

SKŁADNIKI

na klopsiki

1 kg mielonego mięsa z kurczaka

1 dl mleka

2 łyżki bułki tartej

2 jajka

1 ząbek czosnku

Wino sherry

Mąka

Posiekana pietruszka

Oliwa z oliwek

sól i pieprz

Do sosu malinowego

200 g dżemu malinowego

½ l bulionu z kurczaka

1 ½ dl białego wina

½ dl sosu sojowego

1 pomidor

2 marchewki

1 ząbek czosnku

1 cebula

Sól

Opracowanie

na klopsiki

Mięso wymieszać z bułką tartą, mlekiem, jajkami, drobno posiekanym ząbkiem czosnku, natką pietruszki i odrobiną wina. Doprawiamy solą i pieprzem i odstawiamy na 15 minut.

Z powstałej masy formujemy kulki i panierujemy je w mące. Smażyć na oleju, uważając, aby były lekko surowe w środku. Przechowuj olej.

Do słodko-kwaśnego sosu malinowego

Obierz cebulę, czosnek i marchewkę i pokrój w drobną kostkę. Smażymy na tym samym oleju, na którym smażyły się klopsiki. Doprawić szczyptą soli. Dodaj pokrojonego pomidora bez skóry i nasion i gotuj, aż woda odparuje.

Zalać winem i zredukować o połowę. Dodać sos sojowy i bulion i gotować kolejne 20 minut, aż sos zgęstnieje. Dodaj dżem i klopsiki i gotuj przez kolejne 10 minut.

SZTUCZKA

Dżem malinowy można zastąpić dowolnym innym czerwonym owocem, a nawet dżemem.

GULASZ JAGNIĘCY

SKŁADNIKI

1 noga jagnięca

1 duży kieliszek czerwonego wina

½ szklanki puree z pomidorów (lub 2 starte pomidory)

1 łyżka słodkiej papryki

2 duże ziemniaki

1 zielona papryka

1 czerwona papryka

1 cebula

Rosół wołowy (lub woda)

Oliwa z oliwek

sól i pieprz

Opracowanie

Nogę posiekać, doprawić i smażyć w bardzo gorącym garnku. Usuń i zarezerwuj.

Na tym samym oleju podsmaż cebulę i kostkę papryki. Gdy warzywa dobrze się podsmażą, dodajemy po łyżce papryki i pomidora. Kontynuuj gotowanie na dużym ogniu, aż pomidor straci wodę. Następnie ponownie dodaj jagnięcinę.

Kąp się z winem i pozwól mu się zredukować. Wlać bulion mięsny.

Gdy jagnięcina będzie miękka, dodaj ziemniaki cacheladas (nie pokrojone w plasterki) i gotuj, aż ziemniaki będą gotowe. Doprawić solą i pieprzem.

SZTUCZKA

Aby sos był jeszcze smaczniejszy, podsmaż osobno 4 papryczki piquillo i 1 ząbek czosnku. Zmiksuj z odrobiną bulionu z gulaszu i dodaj do gulaszu.

Króliczek cyweta

SKŁADNIKI

1 króliczek

250 g grzybów

250 g marchewki

250g cebuli

100g boczku

¼ litra czerwonego wina

3 łyżki sosu pomidorowego

2 ząbki czosnku

2 gałązki tymianku

2 liście laurowe

Rosół wołowy (lub woda)

Oliwa z oliwek

sól i pieprz

Opracowanie

Zająca pokroić i macerować przez 24 godziny w marchewce, czosnku i drobno posiekanej cebuli, winie, 1 gałązce tymianku i 1 liściu laurowym. Gdy czas minie, odcedź i zachowaj wino z jednej strony, a warzywa z drugiej.

Doprawiamy królika, smażymy na dużym ogniu i wyjmujemy. Warzywa smażymy na tym samym oleju na średnim ogniu. Dodać sos pomidorowy i smażyć 3 minuty. Odłóż króliczka z powrotem. Zalać winem i bulionem, aż mięso będzie przykryte. Dodać drugą gałązkę tymianku i drugi liść laurowy. Gotuj, aż królik będzie miękki.

W międzyczasie podsmażamy pokrojony w paski boczek i pieczarki pokrojone w ćwiartki i dodajemy do gulaszu. Oddzielnie rozdrobnij w moździerzu wątrobę króliczą i również ją wymieszaj. Gotuj kolejne 10 minut, dostosowując sól i pieprz.

SZTUCZKA

To danie można przygotować z dowolnym dzikim zwierzęciem, a smakuje lepiej, jeśli zostało zrobione dzień wcześniej.

KRÓLIKI Z PIPERRADĄ

SKŁADNIKI

1 królik

2 duże pomidory

2 cebule

1 zielona papryka

1 ząbek czosnku

Cukier

Oliwa z oliwek

sól i pieprz

Opracowanie

Królika pokroić, doprawić i usmażyć na rozgrzanym garnku. Usuń i zarezerwuj.

Cebulę, paprykę i czosnek pokroić w drobną kostkę i smażyć na małym ogniu przez 15 minut na tym samym oleju, na którym smażono królika.

Dodaj pomidory pokrojone w brunoise i gotuj na średnim ogniu, aż stracą całą wodę. W razie potrzeby dostosuj sól i cukier.

Dodaj królika, zmniejsz ogień i gotuj pod przykryciem przez 15 do 20 minut, od czasu do czasu mieszając.

SZTUCZKA

Do piperrady można dodać cukinię lub bakłażana.

Klopsiki z kurczaka nadziewane serem z sosem curry

SKŁADNIKI

500 g mielonego kurczaka

150 g sera pokrojonego w kostkę

100 g bułki tartej

200 ml śmietany

1 szklanka bulionu z kurczaka

2 łyżki curry

½ łyżki bułki tartej

30 rodzynek

1 zielona papryka

1 marchewka

1 cebula

1 jajko

1 cytryna

mleko

Mąka

Oliwa z oliwek

Sól

Opracowanie

Doprawić kurczaka i wymieszać z bułką tartą, jajkiem, 1 łyżką curry i bułką tartą namoczoną w mleku. Formuj kulki, wypełniaj kostką sera i przepuszczaj przez mąkę. Smażyć i rezerwować.

Na tym samym oleju podsmaż cebulę, paprykę i marchewkę pokrojoną w małe kawałki. Dodać skórkę z cytryny i dusić kilka minut. Dodać drugą łyżkę curry, rodzynki i bulion z kurczaka. Gdy zacznie wrzeć, dodaj śmietanę i gotuj przez 20 minut. Dostosuj sól.

SZTUCZKA

Idealnym dodatkiem do tych klopsików są grzyby pokrojone w ćwiartki, podsmażone z kilkoma posiekanymi ząbkami czosnku i popijane dobrym kieliszkiem porto lub wina Pedro Ximénez.

Policiki wieprzowe w czerwonym winie

SKŁADNIKI

12 policzków wieprzowych

½ litra czerwonego wina

2 ząbki czosnku

2 pory

1 czerwona papryka

1 marchewka

1 cebula

Mąka

Rosół wołowy (lub woda)

Oliwa z oliwek

sól i pieprz

Opracowanie

Dopraw i usmaż policzki w bardzo gorącym garnku. Usuń i zarezerwuj.

Warzywa pokroić w kostkę bronoise i podsmażyć na tym samym oleju, na którym smażona była wieprzowina. Gdy będą dobrze ugotowane, zwilż je winem i odstaw na 5 minut. Dodaj policzki i bulion wołowy, aż zostaną przykryte.

Gotuj, aż policzki będą bardzo miękkie i zmiksuj sos według własnych upodobań, tak aby nie pozostały żadne kawałki warzyw.

SZTUCZKA

Policzki wieprzowe gotuje się znacznie krócej niż policzki wołowe. Inny smak uzyskamy dodając na koniec do sosu odrobinę czekolady.

COCHIFRITO NAVARRA

SKŁADNIKI

2 posiekane nogi jagnięce

50 g smalcu

1 łyżeczka papryki

1 łyżka octu

2 ząbki czosnku

1 cebula

Oliwa z oliwek

sól i pieprz

Opracowanie

Nogi jagnięce pokroić na kawałki. Doprawiamy i smażymy w garnku na dużym ogniu. Usuń i zarezerwuj.

Smaż drobno posiekaną cebulę i czosnek na tym samym oleju na małym ogniu przez 8 minut. Dodaj paprykę i smaż przez kolejne 5 sekund. Dodać jagnięcinę i zalać wodą.

Gotuj, aż sos się zredukuje, a mięso będzie miękkie. Zwilżyć octem i doprowadzić do wrzenia.

SZTUCZKA

Początkowe zrumienienie jest ważne, ponieważ zapobiega wyciekaniu soku. Dodatkowo nadaje chrupkości i podkreśla smak.

DUSZONA WOŁOWINA Z SOSEM ORZECHOWYM

SKŁADNIKI

750 g golonki

250 g orzeszków ziemnych

2 litry bulionu mięsnego

1 szklanka śmietany

½ szklanki brandy

2 łyżki sosu pomidorowego

1 gałązka tymianku

1 gałązka rozmarynu

4 ziemniaki

2 marchewki

1 cebula

1 ząbek czosnku

Oliwa z oliwek

sól i pieprz

Opracowanie

Posiekaj, dopraw i usmaż golonkę na dużym ogniu. Usuń i zarezerwuj.

Cebulę, czosnek i marchewkę pokrojoną w drobną kostkę podsmaż na tym samym oleju na małym ogniu. Zwiększ ogień i dodaj sos pomidorowy.

Pozwól mu zredukować się, aż straci całą wodę. Skropić brandy i poczekać, aż alkohol odparuje. Ponownie dodaj mięso.

Orzeszki ziemne dobrze rozgnieć z bulionem i dodaj do garnka wraz z ziołami. Gotuj na małym ogniu, aż mięso będzie prawie miękkie.

Następnie dodać obrane i pokrojone w równe kwadraty ziemniaki oraz śmietanę. Gotuj przez 10 minut i dopraw solą i pieprzem. Przed podaniem odstaw na 15 minut.

SZTUCZKA

Do tego dania mięsnego można dodać pilaw ryżowy (patrz rozdział „Ryż i makaron").

PIECZONA WIEPRZOWINA

SKŁADNIKI

1 prosię

2 łyżki smalcu

Sól

Opracowanie

Wyłóż uszy i ogon folią aluminiową, aby zapobiec ich spaleniu.

Połóż 2 drewniane łyżki na blasze do pieczenia i połóż prosię twarzą do góry, nie dotykając dna pojemnika. Dodać 2 łyżki wody i piec w temperaturze 180°C przez 2 godziny.

Rozpuścić sól w 4 dl wody i malować wnętrze prosiaka co 10 minut. Następnie odwróć go i kontynuuj malowanie wodą i solą, aż upłynie czas.

Rozpuść masło i pomaluj skórę. Zwiększ temperaturę piekarnika do 200°C i piecz przez kolejne 30 minut lub do momentu, aż skórka będzie złotobrązowa i chrupiąca.

SZTUCZKA

Nie wylewaj soku na skórę; spowodowałoby to utratę chrupkości. Sos wylej na dno talerza.

GOLONKI SMAŻONE Z KAPUSTĄ

SKŁADNIKI

4 kostki

½ kapusty

3 ząbki czosnku

Oliwa z oliwek

sól i pieprz

Opracowanie

Golonki zalać wrzącą wodą i gotować przez 2 godziny lub do całkowitego miękkości.

Wyjąć z wody i smażyć na odrobinie oleju w temperaturze 220°C na złoty kolor. Pora roku.

Kapustę pokroić w cienkie paski. Gotować w dużej ilości wrzącej wody przez 15 minut. odpływ.

W międzyczasie na odrobinie oleju podsmażamy pokrojony w plasterki czosnek, dodajemy kapustę i podsmażamy. Dopraw solą i pieprzem i podawaj ze smażonymi golonkami.

SZTUCZKA

Golonki można również przygotować na bardzo gorącej patelni. Smażymy je dobrze ze wszystkich stron.

KRÓLIK CACCIATORE

SKŁADNIKI

1 królik

300g grzybów

2 szklanki bulionu z kurczaka

1 kieliszek białego wina

1 gałązka świeżego tymianku

1 liść laurowy

2 ząbki czosnku

1 cebula

1 pomidor

Oliwa z oliwek

sól i pieprz

Opracowanie

Królika pokroić, doprawić i smażyć na dużym ogniu. Usuń i zarezerwuj.

Podsmaż posiekaną cebulę i czosnek na tym samym oleju na małym ogniu przez 5 minut. Zwiększ ogień i dodaj startego pomidora. Gotuj, aż nie będzie już wody.

Dodaj ponownie królika i wykąp go w winie. Pozostawić do zredukowania, a sos będzie prawie suchy. Zwilżyć bulionem i gotować razem z ziołami przez 25 minut lub do momentu, aż mięso będzie miękkie.

W międzyczasie na rozgrzanej patelni smaż przez 2 minuty oczyszczone i zalaminowane pieczarki. Doprawić solą i dodać do gulaszu. Gotuj przez kolejne 2 minuty i w razie potrzeby dopraw solą.

SZTUCZKA

Ten sam przepis możesz przygotować z kurczakiem lub indykiem.

MADRILEÑA SZNICEL cielęcy

SKŁADNIKI

4 filety cielęce

1 łyżka świeżej pietruszki

2 ząbki czosnku

Mąka, jajko i bułka tarta (do panierowania)

Oliwa z oliwek

sól i pieprz

Opracowanie

Drobno posiekaj natkę pietruszki i czosnek. Połącz je w misce i dodaj bułkę tartą. Usunąć.

Filety doprawić i obtoczyć w mące, roztrzepanym jajku i mieszance bułki tartej, czosnku i pietruszki.

Dociśnij rękoma, aby panierka dobrze się przykleiła i smaż na dużej ilości bardzo gorącego oleju przez 15 sekund.

SZTUCZKA

Rozgnieć filety młotkiem, aby rozbić włókna i zmiękczyć mięso.

GULASZ Z KRÓLIKA Z GRZYBAMI

SKŁADNIKI

1 królik

250 g grzybów sezonowych

50 g smalcu

200g boczku

45 g migdałów

600 ml bulionu z kurczaka

1 szklanka sherry

1 marchewka

1 pomidor

1 cebula

1 ząbek czosnku

1 gałązka tymianku

sól i pieprz

Opracowanie

Królika pokroić i doprawić. Smażymy na maśle na dużym ogniu razem z boczkiem pokrojonym w słupki. Usuń i zarezerwuj.

Na tym samym tłuszczu podsmaż cebulę, marchewkę i czosnek pokrojony w małe kawałki. Dodać pokrojone grzyby i smażyć 2 minuty. Dodaj startego pomidora i gotuj, aż straci wodę.

Dodaj ponownie królika i boczek i zalej winem. Pozostawić do zredukowania, a sos będzie prawie suchy. Wlać bulion i dodać tymianek. Gotuj na małym ogniu przez 25 minut lub do momentu, aż królik będzie miękki. Na koniec posypać migdałami i doprawić solą.

SZTUCZKA

Można użyć suszonych grzybów shiitake. Dostarczają mnóstwo smaku i aromatu.

IBERYJSKIE ŻEBERKA WIEPRZOWE Z BIAŁYM WINEM I MIODEM

SKŁADNIKI

1 żebro z wieprzowiny iberyjskiej

1 kieliszek białego wina

2 łyżki miodu

1 łyżka słodkiej papryki

1 łyżka posiekanego rozmarynu

1 łyżka posiekanego tymianku

1 ząbek czosnku

Oliwa z oliwek

sól i pieprz

Opracowanie

Do miski włóż przyprawy, starty czosnek, miód i sól. Dodać ½ małej szklanki oleju i wymieszać. Tą mieszanką posmaruj żeberka.

Smażyć w temperaturze 200°C przez 30 minut, mięsem do dołu. Odwróć się, polej winem i piecz przez kolejne 30 minut lub do momentu, aż żeberka będą złociste i miękkie.

SZTUCZKA

Aby smaki lepiej przeniknęły do żeberek, mięso lepiej zamarynować dzień wcześniej.

MLEKO MERANE

SKŁADNIKI

175 g cukru

1 litr mleka

Skórka z 1 cytryny

1 laska cynamonu

3 lub 4 białka jaj

Proszek cynamonowy

Opracowanie

Podgrzej mleko z laską cynamonu i skórką cytryny na małym ogniu, aż zacznie wrzeć. Natychmiast dodaj cukier i gotuj przez kolejne 5 minut. Zarezerwuj i pozostaw do ostygnięcia w lodówce.

Gdy białka są zimne, ubijamy je na miękkość i okrężnymi ruchami dodajemy mleko. Podawać z proszkiem cynamonowym.

SZTUCZKA

Aby uzyskać bezkonkurencyjną granitę, przechowuj ją w zamrażarce i co godzinę zeskrobuj widelcem, aż do całkowitego zamrożenia.

www.ingramcontent.com/pod-product-compliance
Lightning Source LLC
Chambersburg PA
CBHW050354120526
44590CB00015B/1685